글쓰기 안내자
고수리

어릴 때부터 막연히 작가가 되고 싶었다. KBS〈인간극장〉을 비롯한 휴먼다큐 작가로 일하며 보통 사람들의 삶에서 인생 책을 읽었다. 책을 쓰는 작가가 되고 싶어 브런치스토리(brunch.co.kr)에 30일 동안 매일 글을 썼다. 꾸준한 글쓰기로 '제1회 브런치북 프로젝트 금상'을 수상하고 첫 책 『우리는 달빛에도 걸을 수 있다』(2016 문학나눔 선정)를 출간했다. 이후 『우리는 이렇게 사랑하고야 만다』 『고등어: 엄마를 생각하면 마음이 바다처럼 짰다』 『선명한 사랑』(2024 문학나눔 선정) 등 삶 속에서 쌓아온 경험을 하나둘씩 꺼내어 썼다. 이야기는 넘쳐흘러 첫 장편소설 『까멜리아 싸롱』이 탄생했다.

지난 8년간 '글쓰기 안내자'로 활동하며 성별, 연령, 직업 모두 다양한 2,000여 명의 사람들이 저마다 고유한 이야기를 쓰도록 도왔다. 글쓰기 수업 시간에 주고받은 마음들을 『마음 쓰는 밤』(2023 문학나눔 선정)에 적어두었다. 글쓰기를 통해 자신을 알아가고, 더 나아가 잘 살아보고 싶어졌다는 사람들을 만나는 일이 여전히 즐겁다. 2021년부터 현재까지 동아일보 칼럼 「고수리의 관계의 재발견」을 연재 중이다. 트레바리 독서모임을 이끌며, 세종사이버대학교 문예창작학과에서 글쓰기를 가르치고 있다.

글을 쓰고 싶은 사람들에게 '용기'를 전해주기 위해 『쓰는 사람의 문장 필사』를 썼다. 에세이 100권을 고르고 골라 마음의 부낭이 되어준 글쓰기 문장을 모았다. 책갈피마다 '쓰는 사람에게 보내는 편지'와 같은 글쓰기 에세이도 끼워두었다. 쓰는 동기와 쓰는 마음, 쓰는 방법과 쓰는 훈련을 모두 담아, 계속 쓰는 사람이 되도록 다정하게 이끌어주는 책이 되었으면 좋겠다.

· 브런치스토리 @daljasee   · 인스타그램 @suri.see

"우리 모두에게는
고유한 이야기가 있다"

쓰는 사람의 문장 필사

모든 시도는 자기 자신을 믿어야만 가능합니다.
써야 할 이야기는
이미 자신에게 있다는 것을요.

쓰는 사람의
문장 필사

두려움을 용기로 바꾸는
고수리의 글쓰기 수업

유유히+

¶ 들어가는 글

쓸수록
삶은
달라집니다

이 책을 열어볼 사람의 얼굴을 상상해봅니다. 색채가 없는 세계에서, 표정을 짐작할 수 없는 얼굴로 일어나 세수를 하고 옷을 입고 밥을 먹고 생활을 하고 사람을 만나고 거리를 걷고 책을 읽다가 잠이 듭니다. 평범한 하루를 보내다가 어느 순간. 움직이고 마주치고 멈춰 서고 스치던 어느 순간. 누군가는 우연을, 누군가는 상실을, 누군가는 기억을, 누군가는 슬픔을 마주합니다. 그러니까 그 순간, 쉽게 알아채기 어렵지만 미묘하게 변하는 사람의 얼굴을 붙잡아두고 싶습니다. 사람과 삶이 겹쳐지는 순간에 이야기는 시작되므로. 비로소 세계에 온기가 돌고 색채가 물들기 시작합니다. 이야기를 품은 사람의 얼굴은 선명해집니다. 사람의 삶은 생생해집니다.

이 책을 열어본 당신의 얼굴이 바로 그러할 거예요. 한 번쯤은 내 이야기를 써보고 싶다고. 무언가 쓰고 싶은 마음을 품은 사람의 얼굴은 형언할 수 없는 복잡한 감정들로 뒤섞여 발그레 달아올라 있거든요. 저는 당신의 살아있는 눈빛을 좋아합니다. 당신의 이야기가 궁금합니다.

왜 글을 쓰고 싶은가요?

저는 '나답게 살고 싶어서' 글을 씁니다. 글쓰기는 나의 내면을 표현하는 일. 삶을 들여다보고 내면을 헤아려봐야만 제대로 글을 쓸 수 있습니다. 글을 처음 쓸 때의 저는 비장하리만큼 간절했습니다. 뭐라도 쓰지 않으면 견딜 수 없었거든요. 시끄럽고 혼란스러운 내면의 목소리가 합창처럼 터져 나왔어요. 때론 너무 뜨겁고 때론 너무 거칠어서 무슨 이야길 하는 건지 저조차 이해할 수 없었죠. 그땐 제 내면이 황폐했기에 그럴 수밖에요. 그런데 신기하게도 쓰고 나면 조금 나아졌습니다. 제 글이 나아지는 만큼, 제 삶도 나아졌습니다. 견디고 살아갈 힘이 생기더군요.

처음에는 강렬하고 사무친 기억들, 커다란 삶의 변곡점들을 썼다면, 계속해서 쓰다 보니 달라졌습니다. 나라는 세계에서 조금씩 나아가 다른 세계들을 쓰게 되더라고요. 나 말고 너, 우리, 사람들, 살아있는 것들, 살아가는 마음. 나에게서 바깥으로 마음 쓰는 일이 커져갔습니다.

글과 삶은 연결되어 있습니다. 글쓰기는 내가 사는 세상의 해상도를 높이는 일. 이해할 수 없었던 사람과 삶을 가만히 들여다보고 이해해보는 일입니다. 글은 손으로 머리로 쓰는 게 아니에요. 살아온 온몸으로, 내 삶 전체로 부딪치고 통과하며 쓰는 거예요. 그 때문입니다. 쓸수록 나를 둘러싼 모든 것이 달라지고 나아지는 것은. 저는 쓰면서 조금 더 나다운 내가 되었습니다.

쓰는 사람은 현재를 삽니다. 매일 무언가를 발견하고 감탄하고 글로 쓰니까요. 경험을 꺼내 쓰면서도 과거로부터 날마다 달라져요. 매일 다시 태어나는 사람처럼, 현재에 충실하고 미래를 희망합니다. 언제나 마음속엔 '그럼에도 불구하고'라는 의지의 말을 품고 있지요. 그처럼 오늘도 내일도 나답게 살 수 있는 방법이자 의미. 그게 저의 글쓰기의 이유입니다.

오랫동안 평범한 사람의 이야기를 발견하고 이끌어내는 작업을 해왔습니다. 사람이 책이라면, 그 장르는 아마도 에세이(혹은 수필이라고도 합니다)가 아닐까요. 일상과 생활에 가장 가까운 글. 꾸밈없는 감정과 사유가 살아있는 글. 마음을 움직이고 여운을 곱씹게 해주는 글. 만나보지 못한 사람에게서, 겪어보지 못한 삶에서, 오늘을 사는 힘과 위로를 얻는 글. 에세이는 사람을 담은 가장 진솔한 글이라고 생각합니다.

좋은 글은 사람과 삶이 선명하게 드러납니다. 그러니 좋은 글을 쓰고 싶다면 내면을 가꾸고 좋은 삶을 살아야겠죠. 하지만 그 방법이랄 게 너무나 막연하고 막막하기도 합니다. 좋은 글을 쓰고 싶다고 몰두할수록 글쓰기가 두려워집니다. 강박과 부담이 서서히 마음을 짓눌러 아래로, 아래로 가라앉게 만듭니다.

그럴 때면 저는 책을 펼쳤습니다. 좋은 글을 쓰고 싶지만, 글쓰기가 두려울 때마다 제 마음을 추동시키는 문장들을 찾아 읽었어요. 닮고 싶은 작가의 글을 읽으며 글쓴이의 시선과 사유와 질문과 문장을 따라 읽었습니다. 글쓴이의 마음이 되어 나를 위로하는 문장, 나를 격려하는 문장, 나를 감응시킨 문장들을 옮겨 적었습니다.

좋은 글의 글쓴이가 되어 문장을 읽고 쓰는 시간이 좋았습니다. 손가락을 움직이며 고요히 문장들을 따라 쓰면서 글쓴이의 마음속으로 걸어 들어갔습니다. 글을 쓴 마음을 짐작해보았습니다. 글쓴이의 질문과 시선, 경험과 사유, 의도와 맥락, 어휘와 리듬을 생각해보았어요. 단어와 단어, 문장과 문장을 할 수 있는 한 가장 느리게 곱씹어보았어요. 세상의 스위치를 쓰고 손가락을 움직이며 글쓰기의 감각을 온전히 경험해보았습니다. 나는 이래서 글쓰기를 좋아했지, 당장 이런 글 쓰고 싶다 깨닫게 되는, 힘이 되는 시간이었습니다.

아무것도 쓸 수 없어 바닥으로 침잠한 날에 저를 추동시켜 떠오르게 해준 작가의 문장, 제 삶에 부낭이 되어준 글쓰기의 문장들을 한데 모았습니다. 문장들 사이에 제가 꼭 전하고픈 글쓰기 조언들도 편지처럼 남겨두었고요.

아무것도 쓸 수 없다 해도 아무 걱정 말아라.

고요히 가라앉은 바닥에서 작가의 발자국을 따라 발맘발맘 산책하듯 거닐었던 날이 제게도 잦았습니다. 그러다 보면 쓰고 싶은 마음이 점차 차올랐어요. 둥실 두둥실 위로, 위로. 광활한 세상 위에 나 홀로 떠올랐대도, 여전히 흔들린대도 더는 두렵지 않았어요. 이제 내가 쓸 수 있는 글을 써야지. 다시 글이 쓰고 싶어졌습니다. 재촉하지 않고 떠오를 때까지 기다려주던, 손을 잡고서 다시 밝은 쪽으로 이끌어주던 글쓰기의 시간이 당신에게도 힘이 되기를 바랍니다.

사람은 어째서 이토록 아름다운가. 삶은 어째서 이토록 뜨거운가. 나는 어째서 이토록 쓰고 싶은가. 글을 읽다가 가슴께가 찌르르하다가 저릿해진 적이 있다면. 뭉클하고 울컥한 이 마음은 무엇인지 낯선 감동을 헤아려본 적이 있다면. 읽기를 멈추고 잠시 책장을 덮고서 책을 끌어안아본 적이 있다면. 나도 이런 글을 써보고 싶다고 의지를 품어본 적이 있다면. 당신은 글 쓰는 마음을 아는 사람입니다. 충분히 좋은 글을 쓸 수 있는 사람입니다.

글쓰기는 나의 자리로 돌아가는 일이다. (…) 종이와 연필만 있으면 몇 번이고 나에게서 떠났다가 나에게로 돌아왔다. 나는 쓸수록 내가 되었다. 내가 선명해지자 사는 일이 캄캄해도 무섭지 않았다. 괜찮다고. 괜찮을 거라고. 곁을 돌아보고 돌볼 수 있었다. (…) 글을 쓰려는 사람들이 자기 자리를 찾아 떠나보면 좋겠다. 내가 누구인지, 여기가 어디인지 망연할 때는 내가 살았던 자리들로 다시 돌아가보면 된다. 그때 그곳에 머물며 살았던 나의 이야기를 하나씩 써본다. 바라본 풍경들, 만난 사람들, 느낀 마음들, 경험해본 삶들. 그런 것들을 성실하게 쓰다 보면 알게 될 것이다. 작게 빛나는 나의 자리가 있었음을. 머물렀던 자리마다 사랑이 있었음을. 사람은 고유하고 아름다운 존재임을.

고수리 「나의 자리로 돌아가는 일」 p.5~9 (『마음 쓰는 밤』 미디어창비 2022)

이 책을 열어본 당신의 얼굴을 상상해봅니다. 당신의 손에 제 손을 맞잡아보려고요. 천천히 고요히 저를 따라 걸어요. 우리 같이 글쓰기의 세계를 산책할까요? 글을 쓰려는 당신에게 이 책이 부낭이 되어주길 바랍니다. 미래의 언젠가 열어볼 당신의 책을 기다릴게요.

글을 손으로 머리로 쓰는 게 아니에요.

살아온 온몸으로,

내 삶 전체로 부딪치고

통과하며 쓰는 거예요.

그 때문입니다.

쓸수록 나를 둘러싼 모든 것이

달라지고 나아지는 것은.

차 례

|프롤로그| 쓸수록 삶은 달라집니다   006

1 ‥‥‥‥ 글 쓰려는 사람에게 가르쳐주고 싶은 단 하나   020

    박연준 『쓰는 기분』   028
    이오덕 『이오덕의 글쓰기』   030
    다니엘 페나크 『소설처럼』   032
    김겨울 『책의 말들』   034
    유시민 『유시민의 글쓰기 특강』   036
    황유진 『어른의 글쓰기』   038
    문이영 『우울이라 쓰지 않고』   040
    엘렌 식수 『글쓰기 사다리의 세 칸』   042
    빌 스무트 『가르친다는 것은』   044
    은유 『글쓰기의 최전선』   046

2 ‥‥‥‥ 에세이는 결국 삶의 이야기니까요   048

    시그리드 누네즈 『그해 봄의 불확실성』   056
    헤르만 헤세 『밤의 사색』   058
    버지니아 울프 『울프 일기』   060

아니 에르노, 미셸 포르트 『진정한 장소』　062

손홍규 『다정한 편견』　064

임진아 『읽는 생활』　066

서한나 『드라마』　068

박주영 『법정의 얼굴들』　070

안온 『일인칭 가난』　072

김연지 『기대어 버티기』　074

3　쓰면 쓸수록 내가 되는 글쓰기　076

이수지 『만질 수 있는 생각』　084

라이너 마리아 릴케 『젊은 시인에게 보내는 편지』　086

목정원 『모국어는 차라리 침묵』　088

이유미 『자기만의 (책)방』　090

채인선 『일주일 그림책 수업』　092

서윤후 『쓰기 일기』　094

이제니 『새벽과 음악』　096

윤혜은 『매일을 쌓는 마음』　098

송은정 『저는 이 정도가 좋아요』　100

조승리 『이 지랄맞음이 쌓여 축제가 되겠지』　102

4 ── 글쓰기를 마주하는 마음　　104

스티븐 킹 『유혹하는 글쓰기』　　114

박준 『운다고 달라지는 일은 아무것도 없겠지만』　　116

브라이언 로빈슨 『하루 쓰기 공부』　　118

론 마라스코, 브라이언 셔프 『슬픔의 위안』　　120

정용준 『소설 만세』　　122

데버라 리비 『살림 비용』　　124

김선영 『잃었지만 잊지 않은 것들』　　126

안리타 『리타의 일기』　　128

하현 『어느 맑은 날 약속이 취소되는 기쁨에 대하여』　　130

안희연 『당신이 좋아지면, 밤이 깊어지면』　　132

5 ── 글을 잘 쓰기 위한 루틴과 리추얼　　134

파리 리뷰 엮음 『쓰기라는 오만한 세계』　　144

봉현 『단정한 반복이 나를 살릴 거야』　　146

김신지 『기록하기로 했습니다』　　148

무라카미 하루키 『달리기를 말할 때 내가 하고 싶은 이야기』　　150

바버라 애버크롬비 『작가의 시작』　　152

문보영 『준최선의 롱런』　　154

이슬아 『부지런한 사랑』　　156

박완서 『나의 만년필』　　158

손현 『글쓰기의 쓸모』　　160

이연 『매일을 헤엄치는 법』　　162

6 　글을 시작하기 전에 던지는 세 가지 질문　　164

황정은 『일기』　　174

세라 망구소 『망각 일기』　　176

로마노 과르디니 『삶과 나이』　　178

황효진 윤이나 『자세한 건 만나서 얘기해』　　180

김나무 『조금 불편해도 나랑 노니까 좋지』　　182

임지은 『헤아림의 조각들』　　184

이도우 『밤은 이야기하기 좋은 시간이니까요』　　186

오하나 『계절은 노래하듯이』　　188

정혜윤 『아무튼, 메모』　　190

프랑수아즈 사강 『인생은 너무도 느리고 희망은 너무나 난폭해』　　192

7 　글은 구체적으로, 선별해서, 다르게 쓴다　　194

김애란 『잊기 좋은 이름』　　204

김해서 『답장이 없는 삶이라도』　　206

배삼식 『화전가』　　208

박지완 『다음으로 가는 마음』　　210

백수린 『다정한 매일매일』　　212

크리스티앙 보뱅 『작은 파티 드레스』　　214

브래디 미카코 『꽃을 위한 미래는 없다』 216

신효원 『어른의 어휘 공부』 218

김정선 『동사의 맛』 220

원도 『아무튼, 언니』 222

8 ― 마음을 움직이는 글을 쓰기 위해서는 224

남지은 외 『너의 아름다움이 온통 글이 될까봐』 232

고정순 『그림책이라는 산』 234

비스와바 쉼보르스카 『충분하다』 236

김현 『다정하기 싫어서 다정하게』 238

유희경 『세상 어딘가에 하나쯤』 240

고수리 『선명한 사랑』 242

김달님 『우리는 비슷한 얼굴을 하고서』 244

이지은 『내 인생도 편집이 되나요?』 246

안윤 『방어가 제철』 248

이옥남 『아흔일곱 번의 봄여름가을겨울』 250

9 ― 글의 여운을 남기는 퇴고 252

오은 『초록을 입고』 260

대니 샤피로 『계속 쓰기: 나의 단어로』 262

최진영 『어떤 비밀』 264

전소영 『그리는 마음』	266
성동혁 『뉘앙스』	268
안규철 『사물의 뒷모습』	270
신유진 『사랑을 연습한 시간』	272
미야모토 테루 『생의 실루엣』	274
강민선 『하는 사람의 관점』	276
김초엽 『책과 우연들』	278

10 ___ 글쓰기가 어려운 이유는 뭘까요 280

고수리 『우리는 달빛에도 걸을 수 있다』	288
고명재 『너무 보고플 땐 눈이 온다』	290
존 버거, 이브 버거 『어떤 그림 : 존 버거와 이브 버거의 편지』	292
김지연 『등을 쓰다듬는 사람』	294
김연덕 『액체 상태의 사랑』	296
페르난두 페소아 『불안의 서』	298
정문정 『다정하지만 만만하지 않습니다』	300
이미화 『엔딩까지 천천히』	302
김민철 외 『마감 일기』	304
하재영 『친애하는 나의 집에게』	306

|에필로그| 이제 글을 쓰면 됩니다	308
|추신| 마침표 뒤에 덧붙이고 싶은 이야기	312

I

글 쓰려는 사람에게
가르쳐주고 싶은
단 하나

저는 내내 '사람 책'을 만들어왔습니다. 방송작가 시절에는 다양한 사람 책을 영상으로 만들었고, 에세이 작가로 글쓰기를 통해 나라는 사람 책을 만들며, 글쓰기 안내자로서 내밀한 사람 책을 읽고 만나왔습니다.

그중 글쓰기를 가르치며 사람 책을 읽을 때가 가장 뭉클합니다. 좋은 산문은 유리창과 같다던 말처럼, 글은 한 사람의 삶과 마음을 투명하게 보여줍니다. 정작 제가 읽고 있는 인생의 주인공은 자신의 인생이 얼마나 특별한지, 얼마나 좋은 이야기 씨앗을 품고 있는지 알지 못하죠. 단지 남들보다 늦게 글쓰기를 시작했다는 이유로 초조함과 상실감, 후회나 자책 같은 마음을 품고서 글쓰기 수업에 찾아옵니다. 진지하게 글 쓰려는 분들은 간절합니다. 오히려 돈이나 유명세를 목적으로 글 쓰려는 분들은 금방 그만두지요. 글쓰기는 요령 같은 건 없는 인내와 노력의 세계니까요. 글쓰기는 작가의 진정성이 동력이거든요. 진실해야만 좋은 글을 쓸 수 있습니다.

대학교에서 첨삭 수업을 진행할 때였어요. 서른 명의 학인에게 수업 전까지 서로가 올린 글을 미리 읽고 댓글로 피드백을 남겨달라고 부탁드렸습니다. 생계를 이어가느라 바쁜 사이버대학교 학인들은 늦은 밤마다 줌으로 만나 공부를 합니다. 와중에 댓글 피드백을 한 분도 빠짐없이 어쩌나 길고 빼곡하게 다셨는지 아무리 스크롤을 내려도 게시글이 끝이 없는 거예요. 피드백들 보다가 모니터를 보면, 제 부모

뻘 학인들이 긴장한 얼굴로 저를 보고 있어요. 그때 눈물이 핑 돌죠. 이렇게 진심인 분들이 찾아오시는데 제가 어떻게 허투루 가르쳐요. 제가 알고 있는 것들 탈탈 털어서 뭐라도 더 드리고 싶어집니다. 그런 분들이 쓴 글을 읽어보자면 겸허해져요. 세상엔 내가 모르는 삶이 너무 많다. 내가 모르는 마음이 너무 많다.

글쓰기 수업을 할 때마다 다른 사람이 되어 세상을 봅니다. 그리고 다른 사람이 되어 저라는 사람을 봅니다. 이상하죠. 사람들은 자기 자신을 가장 늦게 발견해요. 그럴 때마다 초심을 다잡습니다. 겸허하자. 이해하자. 사람을 사랑하자고요.

자, 지금부터 글쓰기를 잘 가르치는 법부터 알려드리려고요.

진심에는 진심으로 마주해야 합니다. 글쓰기를 가르칠 때 가장 중요한 건, 경청과 격려입니다. 학인들이 하는 이야기를 열심히 듣습니다. 글이든 고민이든 최선을 다해 들으려고 노력해요. 되도록 얼굴과 이름과 글을 연결해서 기억하려 노력합니다. 잘 들어야만 잘 질문하고 잘 이끌 수 있습니다. 수년간 글쓰기 수업을 이끌며 2천여 명의 사람들을 만났습니다. 글이라는 게 참 신기한 게, 시간이 흘러 이름을 잊어버려도 글은 잊어버리지 않아요. 그 이야길 썼던 사람이었지. 어렴풋하게 이야기의 한 장면이 남아 있거든요. 우리가 오래전에 읽었던 책의 내용을 기억하는 것처럼요. 글에는 그 사람이 살아온 이야기가 담겨 있으니까. 그래서인 것 같습니다.

글쓰기 질문도 아주 많이 받아봤습니다. 학인들이 어떤 질문을 할지 궁금하죠? 글쓰기 수업을 찾아오는 학인들 대부분은 작법이 아니라 내가 글을 써도 될까 하는 물음표를 들고 옵니다. 자신의 글쓰기에 정답이 아니라 확신을 가지고 싶은 거죠. 지금처럼 계속 글을 써도 된다는 확신. 저는 글쓰기 선생님이자 첫 번째 독자인 셈입니다. 이 사람이 하려는 이야기를 주의 깊게 듣고, 사려 깊게 되묻고, 세심하게 답해줘야 합니다.

내 이야기를 쓰려는 사람에게 '글쓰기'라는 문턱은 유독 높습니다. 일기 쓰기가 숙제가 되어버린 순간부터 글쓰기는 내내 평가받는 일이었거든요. 사람들은 자신이 쓴 글을 평가받을 일에 지레 겁먹고 두려워해요. 그래서 저는 더욱 다정한 선생님이 되려고 합니다. 편안한 분위기에서 내밀한 이야기를 털어놓는 경험을, 존중과 배려가 깃든 진솔한 대화를 나눠보고 싶어서요.

한없이 다정한 선생님이지만, 때론 몹시 단호하기도 합니다. 무례하고 불성실한 태도를 가진 분들에겐 솔직하게 말씀드립니다. 저는 최선을 다해 시간과 정성을 들여 당신의 글을 읽고 조언하고 있으니, 당신도 진심으로 임해 달라고요. 거듭 퇴고해서 다시 보내달라고 글을 반려하거나, 갑작스러운 무리한 요구는 정중하게 거절하기도 합니다.

글 쓰는 태도는 작가의 얼굴이라고 믿기 때문입니다. 작가의 품위이자 진정성이에요. 글 쓰는 태도가 좋을수록 글은 나날이 좋아집니다.

가르치는 일이란 단순히 지식이나 기술을 알려주는 게 아니라 끊임없이 경청하고 격려해서, 배우는 이가 주체적으로 시도해볼 수 있도록 곁에서 이끌어주는 일입니다. 저는 페이스메이커처럼 누군가의 글쓰기의 마라톤 여정을 나란히 함께 걸어요. 살아온 인생에서 쓸 이야기를 찾고, 막막한 시간을 통과하며 홀로 달려야 하는 사람에게 필요한 건 무엇보다도 격려입니다. 잘했어요. 잘하고 있어요. 잘할 거예요. 길을 헤매고 있다면 이 방향으로 가보는 건 어떨지 제시하고, 주의하고 개선해야 할 부분들도 세세하게 짚어주죠. '평가'가 아닌 '격려'의 마음으로요. 스스로 계속 나아갈 수 있도록 글쓰기와 마음의 힘을 단련하도록 이끌어줍니다. 학인들은 글을 쓰고 저는 마음을 씁니다. 단 한 사람이라도 진지하게 자신의 이야기를 경청하고 격려해준 경험은, 훗날에도 이 사람이 계속 글을 쓸 수 있도록 지지해줄 테니까요.

지금까지 글쓰기를 잘 가르치는 법을 알려드렸습니다. 2천여 명의 학인들을 가르쳐본 글쓰기 안내자의 노하우를 첫 장부터 탈탈 털어드렸는데요. 결국, 제가 하고 싶은 말은 단 하나입니다.

글을 쓰려는 자신을 믿어주세요.

글쓰기를 가르치는 사람의 마음으로 글 쓰려는 자신을 대해주세요. 쓰고 싶은 마음, 그거 진심이잖아요. 진심으로 글쓰기에 임하는 자신을 진심으로 대해주면 됩니다. 자기 자신을 믿어주세요. 중요한 건 그뿐입니다.

글을 쓰려는 자신을

믿어주세요.

중요한 건 그뿐입니다.

- 박연준『쓰는 기분』현암사 2021

손끝에서 생각이 자유로워질 때의 기분을 나누고 싶었다. 성급하고 불완전한 영혼을 가진 사람이 내 속에서 걸어 나와 흰 종이에 도착하는 과정을 돌보는 일, 손가락이 그를 쫓는 일, 쫓다 멈추는 일, 멈추고 바라보는 일, 바보 같은 일이라고 그를 탓하는 일, 서로 엉키면서 작아졌다 커졌다 반복하는 일, 그러다 드디어 나와 종이 위의 그가 합일을 이루는 일!
이때의 기분을 당신과 나누고 싶다. 당신에게 '부드러운 용기, 작은 추동을 일으키는 바람, 따뜻한 격려'를 건네고 싶다.

서문「시는 언제나 새 고양이로 온다」p.9

- 이오덕 『이오덕의 글쓰기』 양철북 2017

삶이 있는 글을 쓰자. 삶을 쓰자. 그 삶은 남의 삶이 아닌 나 자신의 삶이다. 지금까지 보잘것없다고 생각하여 덮어 숨기고 멸시해 온 내 것, 우리 것을 다시 찾아내어, 그 가난하고 조그마한 것들을 귀하게 아끼고 드러내어 보이고, 고이 키워 가야 한다. 눈부신 황금으로 빛나는 글의 보물 창고는 먼 어느 나라의 화려한 거리에 있는 것이 아니고, 하늘에 걸린 무지개 너머에 있는 것도 아니고, 오직 걱정과 한숨과 웃음과 눈물과 고뇌로 얼룩진 우리들 나날의 삶, 나 자신의 삶 속에 있는 것이다.

「삶이 있는 글을 쓰게 한다」 p.114~115

• 다니엘 페나크 『소설처럼』 이정임 옮김 · 문학과지성사 2018

인간은 살아 있기 때문에 집을 짓는다. 그러나 죽을 것을 알고 있기에 글을 쓴다. 인간은 무리 짓는 습성이 있기에 모여서 산다. 그러나 혼자라는 것을 알기 때문에 책을 읽는다. 독서는 인간에게 동반자가 되어준다. 하지만 그 자리는 다른 어떤 것을 대신하는 자리도, 그 무엇으로 대신할 수 있는 자리도 아니다. 독서는 인간의 운명에 대하여 어떠한 명쾌한 설명도 제시하지 않는다. 다만 삶과 인간 사이에 촘촘한 그물망 하나를 은밀히 공모하여 얽어놓을 뿐이다. 그 작고 은밀한 얼개는 삶의 비극적인 부조리를 드러내면서도 살아간다는 것의 역설적인 행복을 말해준다. 그러므로 우리가 책을 읽는 이유도 우리가 살아가는 이유만큼이나 불가사의하다. 그러니 아무도 우리에게 책과의 내밀한 관계에 대해 보고서를 요구할 권리는 없다.

「10 읽고 나서 아무 말도 하지 않을 권리」 p.225

- 김겨울 『책의 말들』 유유 2021

그리하여 누구나 죽을 때에 이르러서는 오로지 자신만이 읽을 수 있는 외로운 책을 갖게 된다. 자신만이 읽었고 읽을 수 있으며 단 한 번 낭독되었고 앞으로 결코 완독될 일이 없는 책이다. 누구도 읽을 일 없는 이 책을 최선을 다해 아름답게 쓰는 태도를 우리는 품위라고 부른다.

p. 153

• 유시민 『유시민의 글쓰기 특강』 생각의길 2015

글을 잘 쓰려면 왜 쓰는지를 생각해야 한다. 다시 말하지만 글쓰기는 자신의 내면을 표현하는 행위다. 표현할 내면이 거칠고 황폐하면 좋은 글을 쓸 수 없다. 글을 써서 인정받고 존중받고 존경받고 싶다면 그에 어울리는 내면을 가져야 한다. 그런 내면을 가지려면 그에 맞게 살아야 한다. 글은 '손으로 생각하는 것'도 아니요, '머리로 쓰는 것'도 아니다. 글은 온몸으로, 삶 전체로 쓰는 것이다.

「사는 만큼 쓴다」 p. 260

• 황유진 『어른의 글쓰기』 호호아 2024

손으로 쓰는 행위는 감각을 일깨워 준다. 부드러운 볼펜 촉이 종이를 꾹 누를 때 되돌아오는 반동, 얇은 종이 위를 스치는 펜촉의 예리함, 잘 깎은 연필의 사각사각 소리, 혹은 굵은 볼펜의 무심한 스윽스윽 소리. 종이와 볼펜이 쉬지 않고 서로 밀어내며 하얀 종이를 까만 글씨로 빼곡하게 채운다. 둔해졌던 감각이 하나둘 깨어난다. 쓰는 감각이 쓰는 사람을 만든다.

「왜 손으로 쓰기를 권하나요? : 쓰는 몸 만들기」 p. 74

• 문이영 『우울이라 쓰지 않고』 오후의소묘 2022

읽고 쓰는 일의 아름다움은 나약함을 인정하는 과정에 있다. 내가 얼마나 다른 모든 것에 의존하고 있는지 깨닫고, 단독자로서의 내가 아니라 의존자로서의 나를 의식하는 과정이다. 신기하게도 나약함은 숨길 때는 나약함일 뿐이지만 인정하고 받아들이고 나면 힘이 된다. 무언가를 억누르고 제압하는 힘이 아니라 나와 너를 일으키고 끌어안는 부드러운 힘이다.

「태양」 p.23

- 엘렌 식수 『글쓰기 사다리의 세 칸』 신해경 옮김·밤의책 2022

우리는 출발해야 합니다. 이것이 글쓰기의 정체입니다. 시작하기죠. 행동과 인내와 관련이 있습니다. 꼭 목적지에 닿는다는 뜻은 아닙니다. 글쓰기는 도착하기가 아니니까요. 대체로는 도착하지 않기입니다. 우리는 몸으로, 걸어서 가야 합니다. 우리는 자아를 떠나가 버려야 합니다. 글을 쓰려면 우리는 얼마나 도착하지 않아야 할까요, 얼마나 멀리 방랑하며 신발을 닳게 하고 즐거워해야 할까요? 우리는 밤만큼 멀리 걸어야 합니다. 각자의 밤만큼 멀리요. 자아를 뚫고 어둠을 향해 걸어야 합니다.

「Ⅱ 꿈의 학교」 p.116

- 빌 스무트 『가르친다는 것은』 노상미 옮김·이매진 2011

"글쓰기에서 가르칠 수 없는 것이 있나요?"
"반드시 해내야겠다는 마음가짐이 가장 중요하다는 걸 아는 것, 그것이 아닐까요. 교사가 학생을 감시하면서 계속 노력하도록 만들 수는 없습니다. 사람들은 아직도 작가가 되려면 타고난 재능 같은 게 있어야 한다고 생각합니다. 재능 같은 게 있긴 있지만 궁극적으로 작가로 성공하는 사람은 하나의 작품에 접근하는 방식에 관해 생각하고 또 생각하는 그런 사람들입니다. 그래서 그런 사람들은 좀 고집이 세고 또 촌뜨기처럼 앞뒤 안 가리고 파고드는 그런 자질들을 갖고 있는데……, 그런 건 못 가르칩니다. 얘기할 수는 있지만 가르칠 수는 없죠."

랜 사만사 쳉 | 창조적 글쓰기 「반드시 해내야겠다는 마음이 가장 중요한 겁니다」 p.180

• 은유 『글쓰기의 최전선』 메멘토 2022

딱 이만큼이다. 생의 모든 계기가 그렇듯이 사실 글을 쓴다고 크게 달라지는 것은 없다. 그런데 전부 달라진다. 삶이 더 나빠지지는 않고 있다는 느낌에 빠지며 더 나빠져도 위엄을 잃지 않을 수 있게 되고, 매 순간 마주하는 존재에 감응하려 애쓰는 '삶의 옹호자'가 된다는 면에서 그렇다.

「삶의 옹호자 되기」 p.42

2

에세이는 결국
삶의
이야기니까요

어떤 이야기를 쓰고 싶으세요?

흔히들 인생은 한 권의 책이라고 하죠. 만일 내 인생을 책으로 쓴다면 나는 어떤 이야기를 쓸까요? 나는 내 인생이라는 책의 작가이자 편집자입니다. 선택과 결정의 권한은 모두 나에게 있죠. 그래서 글쓰기는 어렵게 느껴집니다. 모든 선택과 선별과 결정에 책임을 두고, 자기 인생에 의미를 부여하는 작업이기 때문이죠. 게다가 완성된 책은 누군가가 읽게 됩니다.

에세이를 쓰기 전에 저는 〈인간극장〉 팀에서 일하며 보통 사람들의 이야기를 방송으로 만들었습니다. 〈인간극장〉은 '휴먼다큐드라마'라는 조금 특별한 장르를 가지고 있는데요, 30분 러닝타임 방송을 5부작으로 방영합니다. 총 2시간 30분의 러닝타임. 마치 한 편의 영화 같죠. 평범해 보이는 일상의 장면들을 골라 모아 영화 분량의 드라마를 만드는 겁니다. 다큐멘터리로 찍어온 한 사람의 이야기를 드라마로 만들면서 저는 평범한 삶에도 드라마가 있다는 걸 배웠습니다. 별로 특별할 것도 없는데 어떻게 방송에 나가냐는 출연자의 물음엔 이렇게 대답했어요.

"딱 20일만 일상을 지켜보세요. 우리가 주인공이고, 우리 삶이 다 드라마예요."

휴먼다큐드라마 한 편을 만들기 위해서는 출연자와 관계를 쌓고 내밀한 취재를 거쳐야 합니다. 20일간 출연자의 일상을 담아 온 영상에서 어떤 장면과 어떤 대사가 편집에 쓰일지 모르기 때문에 아주 사소한 것들까지도 세세히 정리하는 작업, 모든 순간을 빼곡하게 기록하는 작업도 해왔습니다. 그러다 보면 한 사람의 행동과 말투, 얼굴과 감정, 미묘한 상황까지도 자세히 살펴볼 수밖에 없었어요. 당신은 어떤 걸음걸이로 걷는지, 말할 때 어떤 버릇이 있는지, 얼굴 어디에 흉터와 점이 있는지, 심지어는 어떤 이불을 덮고 자는지, 머리를 어떻게 감고 말리는지, 어떤 반찬을 자주 집어 먹는지. 그렇게 켜켜이 쌓인 일상이 만들어낸 사람의 얼굴과 버릇과 말투와 삶. 그런 것들을 주의 깊게 들여다보고 나면 어떻게 될까요?

사람을 사랑하게 될 수밖에 없습니다. 사랑에 빠지면 그 사람의 모든 것이 특별해집니다. 밋밋하고 사소해 보이는 평범한 일상에서 결정적인 장면들을 찾아내고, 감응하고, 기억하게 됩니다. 특별할 것 없는 사람과 인생이, 나에게는 주인공이 되고 드라마가 됩니다. 이 주인공처럼 더 나은 사람이 되고 싶고, 더 나은 방향으로 살아보고 싶어집니다. 이처럼 실제로 살아온 이야기의 기록을 영상으로 만드는 일은 마치 사람 책을 만드는 작업과 흡사했어요. 더불어 저에게는 충실한 독자가 되어본 경험이었습니다.

인생이라는 책도 마찬가지예요. 어떤 사람의 어떤 이야기를 책에 담아볼까. 먼저 저는 에세이를 쓰기 시작했습니다. 내가 주인공인 내 인생으로 드라마를 집필하기 시작했죠. 취재하듯이 살아온 기억을 복기하고, 촬영하듯이 매일의 일상을 기록했습니다. 내 안에 떠다니는 기억, 생각, 마음 같은 것들이 문장들로 정리되어 한 편의 글이 되었습니다. 그렇게 쓴 글을 골라 모으니 어느새 한 권의 책이 되더군요. 첫 책을 손바닥으로 쓰다듬어 보았어요. 내가 살아온 삶이 책이라는 물성으로 손에 잡히는 기분. 신기하고 흐뭇하고 뿌듯하고. 뭐랄까, 나를 진정 사랑해본 것 같은, 그런 뭉클하고 이상한 기분이 들었습니다.

수필은 '인생의 낙수(落穗)'를 쓰는 글이라고 합니다. 낙수(落穗)는 추수 후 땅에 떨어져 있는 이삭, 어떤 일의 뒷이야기를 비유적으로 이르는 말인데요. 누구나 보고 거두어가는 인생의 큰 이야기 말고, 바닥에 떨어진 이삭 같은 이야기. 평범한 생활에 묻혀 있지만 남들은 미처 발견하지 못하는 사소하고 소중한 이야기를 주워 쓰는 글을 수필 혹은 에세이라고 합니다.

내 인생의 낙수를 줍는 일은 나만이 할 수 있습니다. 밋밋하고 사소해 보이는 평범한 일상에서 찾아낸 결정적인 이야기, 남들과 같은 경험을 하더라도 남들과는 다른 의미를 가진 나만이 느낀 이야기를 주워볼 수 있습니다. 누군가에겐 흔한 낱알일지라도 나에겐 귀한 다이아몬드 같은 이야기가 있을 거예요. 이런 이야기를 대체 누가 읽어줄까 걱정되나요? 내가 쓰고 읽습니다. 그리고 나와 같은 사람들, 작게 반짝이는 소중한 가치를 알아보는 독자가 읽습니다.

모든 삶은 비슷해 보이지만 다 다릅니다. 나만의 경험과 나만의 생각과 나만의 분위기. 그 누구도 따라 쓸 수 없는 나만의 이야기가 있습니다. 내가 살아온 이야기, 그 가운데 기억하고픈 경험, 그로 인한 내면의 변화, 그 변화로 깨우친 생의 의미는 나만이 알 수 있습니다. 나만이 꺼내 쓸 수 있어요. 우리 모두에게는 고유하고 아름다운 이야기가 있어요. 그게 무엇인지 찾았으면 좋겠습니다. 그동안 쓰지 않고 모아온 그 사람의 삶, 고유한 이야기가 갓 터져 나온 순간의 울림은 그 글이 아무리 비문이어도, 맞춤법이 틀려도 문제가 되지 않아요. 사람의 맨얼굴을 마주한 것 같은 그런 글을 읽을 때마다 저는 단박에 사랑에 빠져버리고 맙니다. 너무 기쁘고 부럽고 감동해서 울고 말아요.

사소한 이야기를 진솔하게 쓰세요. 에세이란 결국 삶의 이야기이니까요.

딱 20일만 일상을 지켜보세요.

우리가 주인공이고,

우리 삶이 다 드라마예요.

내가 살아온 이야기,

그 가운데 기억하고픈 경험,

그로 인한 내면의 변화,

그 변화로 깨우친 생의 의미는

나만이 알 수 있습니다.

나만이 꺼내 쓸 수 있어요.

- 시그리드 누네즈 『그해 봄의 불확실성』 민승남 옮김·열린책들 2025

삶은 우리가 산 것이 아니라
우리가 기억하는 것, 우리가
이야기하기 위해 기억하는 것이다.

가브리엘 가르시아 마르케스,
『이야기하기 위해 살다 Living to Tell the Tale』

p.5

• 헤르만 헤세 『밤의 사색』 배명자 옮김·반니 2019

멀찌감치 떨어져 내 인생을 돌아보면 특별히 행복해 보이지 않는다. 하지만 착각인지 모르나 그다지 불행했던 것 같지도 않다. 사실 행복과 불행을 세세히 따지는 건 아무 의미가 없다. 어차피 나는 인생에서 행복했던 날보다 불행했던 날에 더 큰 무게를 두기 때문이다. 피할 수 없는 것을 의식적으로 받아들이고, 좋은 일과 나쁜 일을 무수히 겪고, 외적인 것 외에 내적이고 더 실질적이고 필연적인 운명을 정복하는 것이 인생이라면 내 인생은 그다지 불쌍하지도 나쁘지도 않았다. 나를 덮친 외적인 운명이, 모두에게 그렇듯 피할 수 없고 신에게 달린 일이라면 나의 내적인 운명은 나만의 고유한 작품이었다. 그것의 달콤함도 씁쓸함도 오로지 내 책임이다.

「외로운 밤」 p.13

• 버지니아 울프 『울프 일기』 박희진 옮김·솔출판사 2019

1928년 11월 28일, 수요일

가끔 나는 자문해본다. 어린애가 은빛 공에 홀리듯, 나는
인생에 의해 최면에 걸린 것은 아닐까, 라고. 그리고 이것이
산다는 것이냐, 고. 이것은 매우 빠르고, 반짝거리고,
자극적이다. 그러나 어쩌면 천박할는지 모른다. 나는
인생이라는 공을 두 손에 들고, 그 둥글고, 매끄럽고, 무거운
감촉을 조용히 느끼면서, 그렇게 며칠이고 가지고 있고 싶다.

p.235

- 아니 에르노, 미셸 포르트

『진정한 장소』 신유진 옮김·1984Books 2022

글은 하나의 장소이죠. 비물질적인 장소. 제가 상상의 글을 쓰지 않는다고 해도, 기억과 현실의 글쓰기 역시 하나의 도피 방식이에요. 다른 곳에 있는 거죠. 항상 글쓰기를 생각하면 떠오르는 이미지가 있는데, 바로 침수하는 장면이에요. 내가 아닌, 그러나 나를 거친 현실 속으로의 침수. 저의 경험은 통과의 경험 그리고 사회 세계의 분리의 경험이죠.

「저는 글을 쓰는 여자가 아니라 글을 쓰는 사람입니다」 p. 80~81

• 손홍규 『다정한 편견』 교유서가 2015

세월이 흘러 글쓰기를 업으로 삼아 살게 되면서 문장을 쓰는 일을 한 땀 한 땀 세심하게 바느질하는 일과 비교하는 이유를 체감하게 되었고 한 단락을 마무리한 뒤 다음 단락을 시작할 때면 불현듯 바늘에 새 실을 꿸 때와 비슷한 기분이 들면서 눈이 침침한 누군가 내게 바늘과 실을 내밀어주기를 바라게 되는 것이었다. 그래서 나는 당신들이 바느질을 하는 동안 당신들의 사연을 실과 바늘 삼아 시를 쓰고 소설을 썼음을 뒤늦게 깨닫는다.

「바느질하는 밤」 p.177

• 임진아 『읽는 생활』 위즈덤하우스 2022

글을 쓰면 쓸수록 처음이라는 단계를 만나는 것 또한 쓰는
이가 누릴 수 있는 행복이다. 오늘 하고 싶은 말에 맞는 단어를
골라 오늘이기에 쓸 수 있는 글은, 비로소 오늘을 만든다.
빈 문서를 깜빡이는 자리는 마주하기 싫은 생각을 기어코
막아주는 기능을 한다. 깜빡이는 문자 커서가 오늘이라면
왼쪽은 지난날이고 오른쪽은 다음이라서, 쓰는 동시에 나는
멀어지고 싶은 것과 한 글자씩 거리를 둔다. 어쩌면 불행한
일들이 글이 될 때면, 문자 커서 왼쪽의 무게가 조금씩
가벼워질지도 모른다.

「내 글과 살아가기」 p. 291

- 서한나 『드라마』 글항아리 2024

그는 결여가 어떻게 지금의 자신을 만들었는지 이야기했다.
인생에서 한 선택들……. 그가 자기 이야기를 들려주고 자기를
진정으로 이해해가는 과정은 나에게도 위로를 주었다.
자신의 삶이, 그 안에서 한 선택들이 왜 그런 것이었는지
돌이켜 생각해본 사람들이 자기에 대해 이야기하는 방식은
그래보지 않은 사람의 '자기 얘기'와 전혀 다른 것이었다.

p. 105~106

- 박주영 『법정의 얼굴들』 모로 2021

비록 하찮아 보일지라도 생의 기로에 선 누군가를 살릴 수 있는 최소한의 대책은, 그저 그에게 눈길을 주고 귀 기울여 그의 이야기를 들어주는 게 아닐까 하는 생각이 듭니다. 자신의 이야기를 들어줄 사람이 지상에 단 한 사람이라도 있다면, 그런 믿음을 그에게 심어줄 수만 있다면, 그는 살아갈 수 있을 겁니다. 그의 삶 역시 사회적으로 의미 있는 한 개의 이야기인 이상, 진지하게 들어주는 사람이 존재하는 한, 그 이야기는 멈출 수 없기 때문입니다. 사람이 사람에게 할 수 있는 가장 잔인한 일은, 혼잣말하도록 내버려두는 것입니다.

「혼잣말 하는 사람들」 p. 32~33

• 안온 『일인칭 가난』 마티 2023

기초생활수급자였던 나는 제도권 안에 있었기에 제도권 밖, 즉 수급 밖의 가난이 어떠한지는 멀리서 보고 들었으되 그 사정에 훤하지 못하다. 그래서 '가난'을 주어로 문장을 쓸 때는 심히 망설였지만, 그래도 썼다. 다른 누군가가 이어서 일인칭의 가난을 쓸 테니까. 세상에는 빈곤 계측 모델로는 잡히지 않는 일인칭의 쟁쟁한 목소리들이 필요하다.
부자가 되려는 사람들은 그토록 많은 책을 쓰고 팔고 사는데, 가난이라고 못 팔아먹을까. 더 쓰이고 팔려야 할 것은 가난이다.

「프롤로그」 p.10

• 김연지 『기대어 버티기』 위즈덤하우스 2024

코창에서의 마지막 밤, 문학이 대체 뭐냐는 정하의 질문에 호수는 잠시 시간을 달라고 하더니 대답했다. 소설은 '만약 그때 그랬다면', 시는 '그럼에도 불구하고', 평론은 '만일 그게 진짜라면'으로 시작하는 이야기라고. 그럼 에세이는?
내가 묻고 내가 답했다. 에세이는… '사실은 말이야'로 시작하는 모든 이야기. 시든 소설이든 평론이든 에세이든, 모든 창작물은 겪은 다음의 이야기라는 점이 나를 안심시킨다. 있잖아. 코창에서 사실은 말이야. 이렇게 시작하는 이야기라면 백 편을 써도 지겹지 않을 것이다. 아직 오지 않은 이야기들을 전 생애에 걸쳐 모두 겪을 것이다.

「가능성의 코창」 p.171~172

3

쓰면 쓸수록
내가 되는
글쓰기

相識滿天下 얼굴을 아는 사람은 천하에 가득하지만,
知心能幾人 마음을 아는 사람은 몇이나 되겠는가?

마음을 밝히는 보물처럼 귀감이 될 만한 말씀을 모은 『명심보감
(明心寶鑑)』에는 이런 문장이 있습니다. 살면서 수많은 사람을 만나지
만 정작 내 마음을 아는 사람은 몇 명이나 될까요? 그중에 단 한 사람,
스스로를 잘 안다고 생각하는 나는, 내 마음도 잘 알고 있을까요?

내가 어떤 사람인지 알고 싶어서 글을 쓰기 시작했습니다. 유년과
청춘을 지나는 내내 사는 일이 낯설고 힘들었거든요. 제가 원치 않았
음에도 떠안아야 했던 상처와 결핍이 늘 마음을 아프게 무너뜨렸습
니다. 그 시기를 지나온 지금에야 세상 누구에게나 상처와 사연이 있
다는 걸 알지만, 예전에는 그런 게 보이지 않았어요. 내 상처가 가장
아팠고, 내 결핍이 가장 힘들었거든요. 그때는 삶도 마음도 가난해서
돈 들이지 않고 나를 위해 할 수 있는 일이 글쓰기뿐이었습니다. 종이
와 연필만 있으면 글을 쓸 수 있었으니까요.

비장하리만큼 간절하게 글을 썼습니다. 그때 제가 써 내려간 상처
와 결핍은 지금 제가 쓰는 글과는 정반대였습니다. 웃음으로 상처와
결핍을 감추던 나라는 사람처럼, 제 글도 우울하고 냉소적이었어요.
이면에는 쓸쓸하고 차가운 비웃음을 감추고 있었어요. 1인칭 시점으
로 내 마음을 치열하게 써 내려가면서도 이건 자기연민에 불과하다

고 치부했습니다.

하지만 계속 쓰면서 조금씩 달라졌어요. 글쓰기는 살아온 경험과 감정, 생각들이 손끝을 통해 언어로 표현되는 것이기에, 그 앞에선 거짓말을 할 수가 없었거든요. 남들에겐 말하지 못했던 나의 상처, 나의 슬픔, 나의 분노, 나의 우울과 같은 어두운 내면을 마주하고 나아가 지켜볼 수 있게 되었습니다. 당시에 화나고 슬펐던 일도 글로 쓰다 보면 '그럴 수도 있지' '잘 지나왔네'라고 다독이게 되고, 도무지 이해할 수 없었던 이야기도 받아들일 수 있게 되었어요. 솔직한 감정을 가진 다양한 얼굴의 나를, 거리를 두고서 3인칭 시점으로 볼 수 있게 되었습니다.

누구에게나 하고 싶은 이야기를 아무에게도 말할 수 없는 사람이 먼저 글을 쓰기 시작합니다. 계속 쓰다 보면 어느샌가 내가 한 시절을 지나왔음을 돌아볼 수 있게 됩니다. 그제야 깨닫게 될 거예요. 내 글쓰기는 자기연민이 아니라 자기이해였구나. 나는 내가 싫었던 게 아니라, 나를 이해해보고 싶었던 거구나. 나다운 나를 마주 볼 때, 냉소를 품고 있던 내가 이제는 다정하고 너그럽게 웃고 있다는 걸 알게 될 거예요. 세상에서 내 마음을 아는 단 한 사람은 나여야만 합니다.

실제 경험을 쓰는 것보다, 마음을 글로 쓰는 일이 훨씬 어렵습니다. 마음은 마치 날씨 같아서 궂었다 맑았다, 변덕스럽고 난데없고, 또 주위 환경에 지나치게 영향받고, 정작 눈에 보이는 실체는 없습니다.

그런데 만약 우리가 겪어본 날씨를 다시 겪게 된다면, 미리 알게 된다면 어떨까요? 곧 비가 온대, 곧 눈이 온대라며 우산이나 털모자를 쓰고 밖으로 나갈 수 있을 거예요. 그런 날에는 그 날씨를 받아들이고 하루를 무사히 살 수 있겠죠. 이왕이면 즐겁게 보내자고 다짐한다면 우산을 쓰고 빗속을 산책하거나, 털모자를 쓰고 눈사람을 만들어볼 수도 있을 거예요.

내가 느껴본 마음들을 오랫동안 관찰해온 사람은 어떨까요? 우리가 일기예보를 확인하고 밖을 나서듯이, 마음을 확인하고 삶을 살아간다면 예고 없는 마음이 다가와도 "또 왔구나. 하지만 지나갈 거야"라는 걸 아는 사람이 됩니다.

매일 일기예보를 확인하듯이 매일 내 마음을 기록해보길 권합니다. 그러다 보면 세상 밖으로 나가는 게 덜 두려워집니다. 나와 비슷한 사람을 보면 챙겨주고도 싶어지고, 끝내 내가 느끼는 모든 마음이 좋은 것만도 나쁜 것만도 아니라는 걸 알게 됩니다. 삶도 마찬가지. 좋은 것만도 나쁜 것만도 아닙니다. 그냥 사는 일이죠. 변덕스러운 생의 한가운데서 나답게 살아가면 됩니다.

저는 더 많은 사람이 자신의 이야기를 썼으면 좋겠습니다. 단지 책이 되는 글이 아니어도 괜찮아요. 내 마음을 모르겠다는 사람, 내 인생 나답게 살아보고 싶은 사람들이 글을 썼으면 좋겠습니다. 글쓰기는 자기 자신과 만나보는 일이에요. 나는 어떤 사람인지, 어떤 생각을 하고 어떤 마음을 느끼며 사는지, 어떤 취향과 어떤 소망을 품고 사는지. 쓰면 쓸수록 내가 됩니다. 내가 어떤 사람인지 알면 내 삶을 구체적이고 주체적으로 살 수 있어요. 자기 자신이라는 세계의 전문가가 되기에 글쓰기만큼 탁월한 도구는 없답니다.

나는 내가 싫었던 게 아니라,

나를 이해해보고 싶었던 거구나.

세상에서 내 마음을 아는

단 한 사람은

나여야만 합니다.

글쓰기는 자기 자신과
만나보는 일이에요.

쓰면 쓸수록
내가 됩니다.

• 이수지 『만질 수 있는 생각』 비룡소 2024

앞선 모든 사람과 모든 작업이 선생이다. 때로는 반동도 동력이 된다. 악당은 나의 성장을 돕고, 강렬한 뒤끝을 불러와 나의 내부의 땔감이 되어 준다. 그다음에는 내 멋대로 아름답게 타오를 뿐이며, 그 불꽃은 어디로 튈지 모른다.

「모든 뒤끝은 창작의 근원 2」 p.75

- 라이너 마리아 릴케 『젊은 시인에게 보내는 편지』

송영택 옮김·문예출판사 2018

견디기에 충분한 인내와, 믿기에 충분한 순진성을 당신의
내부에서 찾아내십사 희망합니다. 어려운 것에 대해서, 그리고
다른 사람들 사이에서 느껴지는 당신의 고독에 대해서 더욱더
깊은 신뢰감을 가져달라는 희망입니다. 또 인생으로 하여금
제 길을 가게 하는 것입니다. 제 말을 믿으십시오. 인생은 옳은
것입니다, 어떠한 경우에도.

p. 75

• 목정원 『모국어는 차라리 침묵』 아침달 2021

어째서 어떤 슬픔은 발화됨으로써 해소되는지. 나는 그것이 늘 슬펐다. 그러나 그럼에도 말이 되지 못하고 남는 것들이 있을 것이다. 우리들의 모국어로만, 침묵으로만 호명되는 것들. 그러니 나는 아마도 다시 침묵 속으로. 평생을 배워도 다 알지 못할 세계의 아픔에게로. 언제나 나보다 한발 앞서 그 아픔을 들여다보는 친애하는 예술에게로. 모든 것을 빚진, 아름다움에게로.

「뒤늦게 쓰인 비평」 p.7

- 이유미 『자기만의 (책)방』 드렁큰에디터 2020

돌이켜보면 삶이란 '점을 찍는 일' 같다. 그리고 그 점들이 '선으로 연결되는 순간', 꿈으로 완성되는 게 아닐까 싶다. 좋아하는 책을 부지런히 읽는 것, 밑줄을 긋고 필사를 하고 내 글을 쓰는 것, 시간을 쪼개가며 좋아하는 일들을 그렇게 짬짬이 이어가는 것, 그런 순간들을 점처럼 찍다 보니 어느새 하나의 선으로 연결되어 있었다.

「계속 점을 찍었더니 선이 되었네」 p. 33

- 채인선 『일주일 그림책 수업』 위즈덤하우스 2021

기억은 항상성을 갖고 있다. 먼 과거의 일이라고 해도 기억에서 소환하는 순간, 지금의 정서와 감정을 갖게 되어 현재에 살고 있다는 것. 따라서 우리의 과거는 죽은 것이 아니라 지금 빛을 보는 셈이다.

「이야깃거리를 모으자!」 p.62

• 서윤후 『쓰기 일기』 샘터 2024

어떤 글을 쓸 때면 나는 항상 원점으로 돌아간다. 원점은 내가 되기 전이나 내가 기억하고 싶은 선별된 순간이 아니라 내 안에서 일어난 균열의 자리이다. 어떤 균열은 손댈 수 없을 정도로 망가져 있고, 어떤 균열은 끝끝내 무너지지 않고 버티고 있으며, 어떤 균열은 아름답게 미장되어 있다. 그 과정에서 나의 상처를 투시하는 시간이 필요했고, 그 시간은 꽤 고통스러웠지만 그것을 건너는 동안 나의 어떤 흠은 채워졌고, 낡고 견고한 것들 사이에서 더 아름답게 빛났다. 상처는 단 한 번도 같은 모습으로 생겨나지 않았고, 제각기 다른 형태로 아물어갔다.

「2023년 6월 30일: 킨츠기와 문학」 p.122

- 이제니 『새벽과 음악』 시간의흐름 2024

글쓰기에서 얻을 수 있는 구원이라면, 자신과 자신을 둘러싼 고통과 상처를 직시하는 순간에 얻을 수 있는, 그 순간과 정면으로 맞부딪침에서 오는 벼락과도 같은 충돌의 순간, 자신이 누구인지, 자신의 상처가 무엇인지를 알게 되는 바로 그 순간의 불빛에 있는 것은 아닐까.

「미지의 글쓰기」 p.145

• 윤혜은 『매일을 쌓는 마음』 오후의소묘 2024

나의 쓰는 시간은 무심하고 성실하게 흘렀다. 이만하면 됐으니 성과 없는 쓰기를 멈추고 한눈을 팔아볼까, 같은 생각은 들지 않았다. 아마 본능적으로 알았겠지, 쓰기가 나를 지탱해 주고 있다는 것을. 졸업과 함께 오직 나에게로만 골몰하던 삶이 흐려져 갈 때는 오히려 쓰기와 좀 더 가까워지는 기분을 느꼈다. 노래했던 시간을 마침내 글을 쓰며 지낸 시간이 넘어섰을 때는 짜릿하기까지 했다. 내가 쓴 글이 무언가가 되어서가 아니라, 글을 쓰다 보면 더욱더 내가 되어간다는 공식을 이해했기 때문에.

「좋아하는 마음이」 p.168~169

• 송은정 『저는 이 정도가 좋아요』 시공사 2020

무엇보다 쓰고, 지우고, 다시 쓰는 과정을 여러 차례 반복하면서 나는 내가 더 나은 사람이 되어가는 느낌을 경험한다. 모른다는 고백이 더는 부끄럽지 않을 때, 동시에 모른다는 말이 갖는 무거운 책임 또한 의식할 때 어렴풋 성장한 자신을 발견한다. 만약 누군가 내 글에서 어떤 진솔함을 감지했다면 그건 쉽게 판단하거나 정답인 양 자신하지 않았기 때문일 것이다.

「귀여운 우동」 p.27

- 조승리 『이 지랄맞음이 쌓여 축제가 되겠지』 달 2024

나의 새로운 장래희망은 한 떨기의 꽃이다. 비극을 양분으로 가장 단단한 뿌리를 뻗고, 비바람에도 결코 휘어지지 않는 단단한 줄기를 하늘로 향해야지. 그리고 세상 가장 아름다운 향기를 품은 꽃송이가 되어 기뻐하는 이의 품에, 슬퍼하는 이의 가슴에 안겨 함께 흔들려야지.

「비극으로 끝날 줄 알았지」 p. 238

4

글쓰기를
마주하는
마음

"난 아무것도 쓰지 않고 그냥 살아왔던 시간도 중요하다고 말해 주고 싶어요."

박완서 작가는 말했습니다. 그동안 쓰지 않고 살아왔다고 해서 의기소침하거나 조바심하지 말아요. 아무것도 쓰지 않고 살아온 삶이야말로 중요합니다. 글로 쓸 이야기들, 무수한 글감을 우리는 쓰지 않고 차곡차곡 모아왔던 셈이니까요. 삶이 곧 글입니다. 살아온 삶을 돌아보며 나만 쓸 수 있는 고유한 이야기를 찾으면 돼요. 그러니 걱정 마세요. 당신은 충분히 글을 쓸 수 있는 사람입니다.

당신에겐 어떤 마음이 있기에 글을 쓰게 하나요? 추동하는 마음, 몰입하는 마음, 지켜보는 마음, 헤아리는 마음, 마감하는 마음 같은 것들. 내면에 쓰고자 하는 마음이 당신을 책상으로 데려가 무엇이든 쓰게 합니다. 글쓰기를 마주하는 마음, 글쓰기를 지속하게 하는 내 마음이 무엇인지 자세히 살펴보세요. 그 마음을 잘 간직하고자 하면, 흔들릴 때마다 나를 지켜주는 굳건한 다짐이 될 테니까요.

저는 이런 마음으로 글을 씁니다.

충실한 마음

충실하게 쓸 것. 제 좌우명은 '마무리를 잘 하자'입니다. 글쓰기를 포함한 모든 작업에서 지키려는 모토이기도 해요. 그만큼 마무리 작업에 집요하게 매달립니다.

　방송작가로 일할 때, 방송 송출 전 최종 자막 확인까지가 제게 주어진 작업이었습니다. 자막 검수를 거치고 온라인 사전으로 확인해도 확신이 들지 않을 때는 국립국어원에 전화해서 단어 하나까지 확인하곤 했어요. 어쩌나 자주 전화했던지 나중엔 국립국어원 담당자분이 저를 알아볼 정도였죠. 뭘 그렇게까지 할까 싶지만, 남들에겐 예민해 보이거나 웃음거리가 될지언정 최최종까지 다듬고 확인하는 편이 낫습니다. 모든 작업은 결국 제 이름으로 공개되는 '작품'일 테니까요.

　글쓰기에서도 퇴고가 중요합니다. 모든 작업은 계속 다듬다 보면 나아집니다. 한 뼘이라도 성장할 수밖에 없어요. 내가 최선을 다해 만든 작품이 당장은 빛나지 않고, 인정받지 못할 수도 있습니다. 그러나 충실한 마음으로 가다듬은 질 좋은 작품은 작가에 대한 신뢰를 주고, 시간이 흐른 뒤에도 발견되고 사랑받을 가능성이 큽니다. 어떤 분야든 창작자로서 오래 일하고 싶다면, 일의 기본과 마무리에 충실해야 합니다. 영감과 재능으로 기획하고 초고를 쓰는 일도 중요하지만, 무엇보다도 단단하고 끈기 있게 마무리하는 힘이 중요합니다. 지금 내 작품을 읽은 독자가 과거의 내 작품을 따라 읽을 때도 작가의 변치 않은 진정성을 믿을 수 있도록 말이에요.

　충실한 작품을 만들고 싶다면, 공개적으로 써야 합니다. 책을 내고 싶거나 작가가 되고 싶다면, 반드시 공개적으로 써야 해요. 내가 쓴 글이 언제 어디서 누구의 눈에 띄어 기회가 찾아올지는 아무도 몰라요. 공개적으로 쓰라는 말은 독자를 찾으라는 말과 같아요. 작가가 적극적으로 독자를 찾아야 합니다. 독자를 염두에 둔 채 글을 쓰고, 잘 전달되도록 가다듬고 또 가다듬어야겠죠. 누군가 내 글을 읽어준다고 생각하면 문장과 표현 하나라도 더 고치고, 맞춤법 한 번이라도 더 확인하게 됩니다. 독자의 눈높이에 맞춰서 잘 이해할 수 있을지 한 번이라도 더 구성을 살펴보게 되죠. 누군가 읽어줄 걸 생각하면 저절로 충실하게 글을 쓰게 됩니다.

작가가 되기 전에 저는 유령 블로그를 운영했습니다. 아무도 모르는 블로그에 솔직한 글들을 올렸어요. 누가 알아줬으면 싶으면서도 누가 알아볼까 두려운 그 마음으로. 그러나 나와 같은 상처를 가진 누군가는 위로를 받았으면 하는 마음으로. 그땐 그게 제가 가진 용기의 전부였습니다. 간혹 비밀댓글이 달리면 내 글이 누군가에게 공감과 위로가 되었다는 게 기뻤습니다. 그 댓글들 덕분에 용기를 내 블로그 글들을 초고 삼아 브런치에 작가 신청을 했습니다.

2015년 7월에 브런치(현 브런치스토리) 첫 글을 올리고 30일간 매일 글을 올렸습니다. 딱 30일만 공개적으로 연재해보자. 그저 스스로와의 약속이었어요. 그러자 제 글에 댓글이 달리고 독자들이 반응하기 시작했습니다. 점차 내 글을 좋아하는 독자, 내 글을 믿고 읽어줄 독자들이 생겨났습니다. 기꺼이 긴 호흡의 글도 읽어줄 진정성 있는 독자를 만나게 된 거죠. 저는 지금도 이 독자들을 제 책의 주요 독자로 상정하고 글을 씁니다. 연이어 하나둘 출간 제안도 받게 되고 그해 브런치북 금상을 수상하면서 첫 책을 내게 되었습니다. 이후로 일곱 권의 저서를 내고 꾸준히 작가로 활동하고 있습니다.

충실한 마음으로 공개적으로 글을 쓰세요. 공개적으로 완성고를 쓰다 보면 댓글이 달리고, 독자가 생기고, 제안을 받게 됩니다. 글쓰기를 업으로 삼고 싶다면 사적인 글쓰기에서 공적인 글쓰기로 나아가야 해요. 서랍에 숨겨둔 글을 꺼내세요. '언젠간 좋은 글을 쓸 거야. 멋진 책을 낼 거야.' 이런 생각만으론 아무것도 시작되지 않아요. 두렵고 부족하다 생각되더라도 일단 내가 쓴 글을 꺼내 보여주어야 누군가에게 발견됩니다. 공개적으로 쓴다는 건 읽어줄 사람을 생각한다는 거잖아요. 독자의 유무는 글쓰기를 완전히 다르게 만듭니다.

공개적으로 쓰기에 적응했다면, 자발적 연재를 권합니다. 스스로 약속을 정해 적어도 10편 이상의 연재를 해보는 거죠. 특히 저자가 되고 싶다면요. 책은 수십 편의 글이 모여 만들어집니다. 하나의 주제로 여러 편의 글을 끈기 있게 완성할 수 있는 작가인가가 저자의 중요한 자질입니다. 부끄럽지 않은 충실한 글을 쓰세요. 재능과 열정만큼이나 성실과 정성도 아름다워요. 저는 그것들이 더 힘이 세다고 생각합니다.

꾸준한 마음

 꾸준하게 쓸 것. 스스로 '작가'라는 자의식이 생긴 건, 세 번째 책을 쓰고 나서였습니다. 에세이를 쓴 지 4년이 지나서야 저에겐 빛나는 재능은 없지만 계속 쓰는 꾸준함이 있다는 걸 깨달았습니다.
 모든 작가의 첫 책은 매력적입니다. 자전적 이야기 중에서도 가장 뜨거운 이야기를 꺼내 쓰기에, 서툴더라도 날 것 그대로의 진심이 담겨 있기에, 책과 작가 모두 매력적일 수밖에 없어요. 독자들은 생명력 넘치는 살아있는 이야기를 좋아합니다. 한편, 첫 책을 쓰고 나면 작가는 홀가분한 동시에 두려워집니다. 인생에서 가장 뜨거운 이야기를 써버렸는데 나에게 또 쓸 이야기가 있을까. 내가 다시 책을 쓸 수 있을까. 독자들이 다음에도 내 책을 읽어줄까. 글쓰기가 진지해진 만큼 두려워집니다. 특히나 에세이라는 장르에서 첫 책으로만 반짝 주목받다가 사라지는 작가들이 많은 건 이 때문일 거예요.
 그럼에도 다시, 두 번째 책을 씁니다. 더 열심히 더 절실히 쓰지만 첫 책만큼 사랑받진 못합니다. 작가를 믿고 읽어줄 고정 독자들이 없기 때문이죠. 글쓰기와 책 집필의 과정을 파악하게 되고 의욕이 넘쳤던 만큼 이때의 좌절감은 훨씬 큽니다. 그리고 여실히 깨닫게 될 거예요. 이제는 정말로 내 이야기를 다 써버렸구나. 두 권의 책에 80편쯤 에세이를 써본 후에는 내 바닥을 마주하게 됩니다. '나는'이라는 주어가 지겹고 아프게 느껴질 때가 올 거예요.

그럼에도 또다시, 세 번째 책을 씁니다. 이때 저는 한 번도 상상한 적 없었던 푸드 에세이를 쓰게 되었습니다. '엄마의 밥상'을 주제로 글을 써달라는 제안을 받았는데요. 어떻게든 계속 책을 써보고 싶은 거예요. 나의 엄마, 엄마가 된 나를 생각하다가 문득 할머니는 해녀였지, 엄마와 나는 바닷마을 밥상을 먹고 자랐지. 나도 몰랐던 다른 이야기가 있다는 걸 알게 되었습니다. 그래서 적극적으로 모녀 삼대의 바닷마을 밥상 추억을 기획하고 취재하고 녹취를 풀어 정리하고 재구성해 써봤습니다. 더는 쓸 이야기가 없다고 생각했는데 아니었어요. 나로부터 이어진 이야기가, 나로부터 확장된 세계가 있었습니다.

쓸 이야기가 없다고 불안해하는 건 오만이구나.

부단히 노력해야 하는 거구나.

세 번째 책을 쓰고서야 진짜 작가가 되었다고 실감했습니다. 내 안에 꾸준한 힘을 깨닫는 동시에 내 글에 책임감을 느끼게 되었거든요. '나는 계속 쓰는 사람이니까 작가야'라는 다짐으로 글을 씁니다. 정말 그래요. 나의 가장 큰 이야기, 가장 잘 쓸 수 있는 이야기들 모두 쓰고 난 후에도 계속 쓰는 사람이 작가입니다.

지금껏 말씀드린 이 모든 시도는 자기 자신을 믿어야만 가능합니다. 써야 할 이야기는 이미 나에게 전부 있어요. 하지만 그걸 쉬이 믿지 못합니다. 사람들은 자기 자신을 가장 늦게 발견한다고 했죠. 나를 발견하고 나아가 나를 믿는 일은 생각보다 어렵습니다. 매순간 진심을 다하고 뚝심 있게 꾸준히 나아가는 일도 힘들어요. 저도 여전히 흔들리는걸요. 그럴 때마다 마음을 붙잡습니다. 지금 내가 할 수 있는 일을 하기. 충실하고 꾸준하게, 일단은 씁니다.

글쓰기를 지속하게 하는

내 마음이 무엇인지

자세히 살펴보세요,

흔들릴 때마다 나를 지켜주는

굳건한 다짐이 될 테니까요.

• 스티븐 킹 『유혹하는 글쓰기』 김진준 옮김·김영사 2002

꾸준히 책을 읽으면 언젠가는 자의식을 느끼지 않으면서 열심히 글을 쓸 수 있는 어떤 지점에 (혹은 마음가짐에) 이르게 된다. 그리고 이미 남들이 써먹은 것은 무엇이고 아직 쓰지 않은 것은 무엇인지, 진부한 것은 무엇이고 새로운 것은 무엇인지, 여전히 효과적인 것은 무엇이고 지면에서 죽어가는 (혹은 죽어버린) 것은 무엇인지 등등에 대하여 점점 더 많은 것들을 알게 된다. 그리하여 책을 많이 읽으면 읽을수록 여러분이 펜이나 워드프로세서를 가지고 쓸데없이 바보짓을 할 가능성도 점점 줄어드는 것이다.

「창작론」 p. 183

- 박준 『운다고 달라지는 일은 아무것도 없겠지만』 난다 2017

말은 사람의 입에서 태어났다가 사람의 귀에서 죽는다. 하지만 어떤 말들은 죽지 않고 사람의 마음속으로 들어가 살아남는다. 꼭 나처럼 습관적으로 타인의 말을 기억해두는 버릇이 없다 하더라도 대부분의 사람들은 저마다의 마음에 꽤나 많은 말을 쌓아두고 지낸다. 어떤 말은 두렵고 어떤 말은 반갑고 어떤 말은 여전히 아플 것이며 또 어떤 말은 설렘으로 남아 있을 것이다.

검은 글자가 빼곡하게 적힌 유서처럼 그 수많은 유언들을 가득 담고 있을 당신의 마음을 생각하는 밤이다.

「어떤 말은 죽지 않는다」 p. 19~20

• 브라이언 로빈슨 『하루 쓰기 공부』 박명숙 옮김·유유 2020

작가로서의 여정에는 수많은 출발점이 있을 수 있지만 정해진 출발선이란 존재하지 않는다. 우리는 각자 다른 지점에서 글쓰기를 시작한다. 누구는 어린 시절부터, 또 누구는 대학생 때부터, 또 누군가는 성인이 되어서. 자신의 목적지에 이르는 데는 오랜 시간이 걸릴 수도 있다. 순간 이동의 마법으로 그곳으로 옮겨 갈 수는 없다. 글쓰기에 대한 사랑과 자신의 글쓰기가 어디로 향하는지를 아는 한 우리는 우리가 가고자 하는 곳으로 갈 수 있다. 최상의 글쓰기가 가능한 곳으로.

「언제 어디서부터 시작할 것인가」

- 론 마라스코, 브라이언 셔프
『슬픔의 위안』 김설인 옮김·현암사 2019

시험 삼아 써보라. 노트를 집어 들거나 컴퓨터를 켜고, 쓰기 시작해보라. 그렇게 쓴 것은 누구에게 보여줄 필요도 간직할 필요도 없다. 우리는 가장 효과적인 글쓰기 방법이 무엇인지 사람들과 의견을 나눴다. 카페로 가라. 되도록이면 자주 찾는 카페는 피하라. 그러고는 자리에 앉아서 고통스러울 만큼 정직한 말을 써라. 다 쓰고 나면 종이를 찢어 쓰레기통에 버려라. 그것으로 끝이다.

「토로」 p. 87~88

• 정용준 『소설 만세』 민음사 2022

글을 쓰면 안 되는 이유는 너무너무 많은데 글을 써야 하는 이유를 찾는 것은 언제나 쉽지 않았다. 그러니까 글쓰기에 대한 고민은 별로 도움이 안 된다. 방해만 될 뿐이다. 마음이 있다면 그것에 사랑이 있다면 읽거나 쓸 것이다. 어떻게든 읽기를 향해 쓰기를 향해 나아가려고 애를 쓸 것이다. 그러니까 너무 많이 고민하지 말자. 똑똑한 이성과 논리에 내 마음을 맡기지 말자. 상황이 어렵다. 시간이 없다. 재능이 없다. 반응이 안 좋다. 전망이 어둡다. 끊임없이 말하는 똑똑한 머리는 내 마음을 잘 모르거나 모르고 싶어 할 테니.

「고속버스와 기차와 지하철에서 읽고 쓰기」 p.174

• 데버라 리비 『살림 비용』 이예원 옮김 · 플레이타임 2021

글을 쓰다가 작은 구리 주전자에 터키 커피를 끓여 그 잔에 붓고 은 뚜껑을 덮곤 한다는 얘기를 아직 가게의 막내 형제에게 털어놓지는 못했다. 이건 내 글쓰기 일과의 작은 의례가 되었다. 자정부터 다음 날 이른 시간까지 진하고 향기로운 커피를 홀짝이다 보면 지면에서도 어김없이 흥미로운 일이 벌어진다. 글쓰기용 의자에서 한 발도 안 움직이고 밤을 거니는 방랑자가 된다.

「9 방랑하는 밤」 p.114

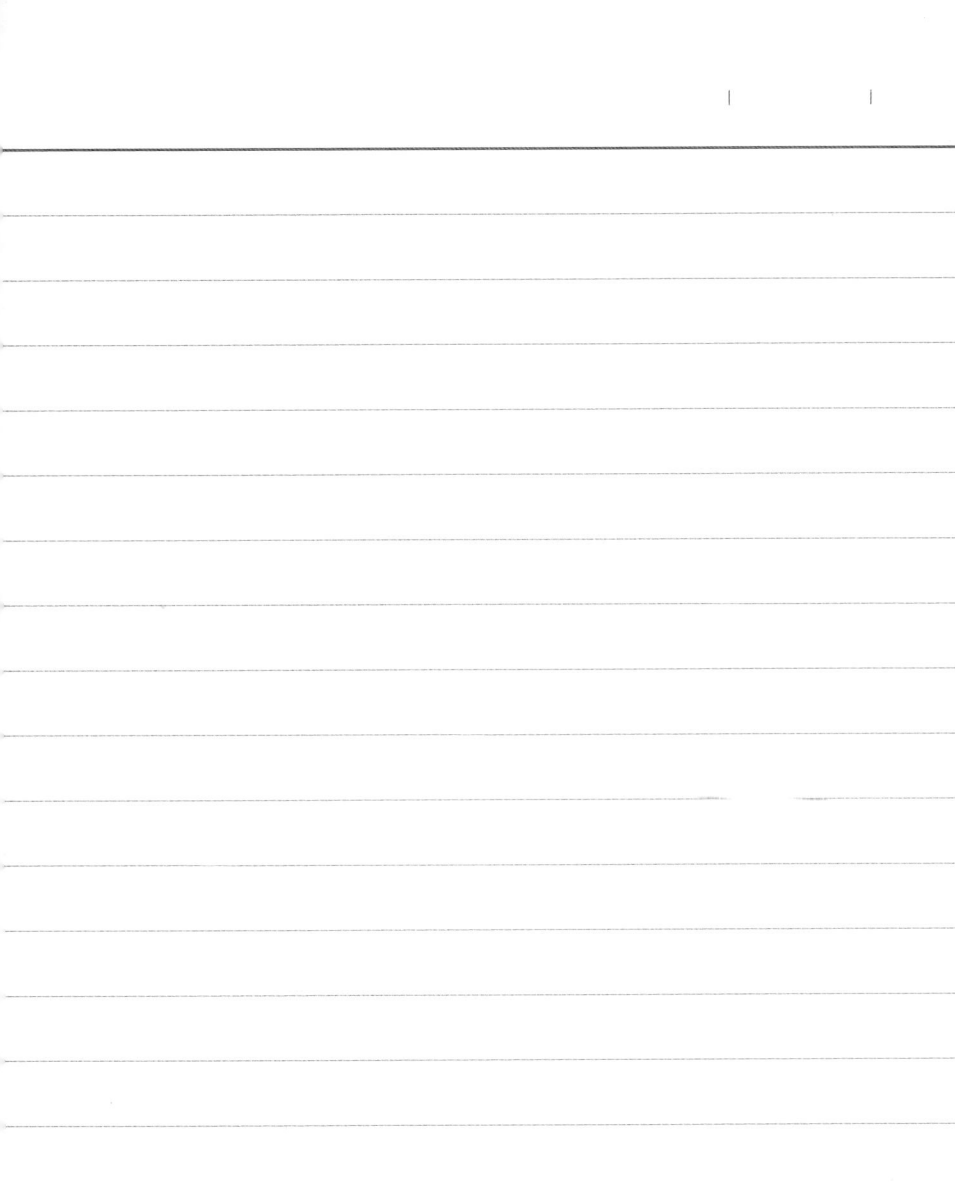

- 김선영 『잃었지만 잊지 않은 것들』 라이킷 2019

나는 아버지가 했던 것처럼 일기를 쓸 것이다. 매일의 혈압과 맥박, 몸무게, 체온을 적고 식사와 기분, 증상을 적어볼 것이다. 가족과 지인, 나를 둘러싼 공간과 시간, 일상에서 느끼는 감정들도 기록하리라. 내 존재의 의미에 대한 생각들도 빼놓지 않아야겠다. 내게 주어진 시간에 대한 조바심은 클 것이다. 그러나 그 조바심 때문에 시간의 의미를 도리어 흘려버리지 않도록, 하나하나 곱씹으며 살아가도록 노력할 것이다.

「내가 암환자가 된다면」 p.220~221

- 안리타 『리타의 일기』 홀로씨의테이블 2023

지금의 나는 이것을 어떻게 무엇을 완성하고자 하는 의지가 없다. 힘을 빼고 시기적절한 때를 기다린다. 그냥 쓴다. 그냥 쓰는 것만 생각한다. 현실적 고민에 힘을 주면 지친다. 글쓰기는 지치지 않는 마음이다.

지속적 글쓰기는 무언가 지속하는 것이 아니라 지속하는 힘이 어디에 있는지 계속 확인하는 일이다. 무엇을 어떻게 쓰는지보다는 내 안에 그 무엇이 쓰게 하는지 망각하지 않는 것이다.

p.108

- 하현 『어느 맑은 날 약속이 취소되는 기쁨에 대하여』
  비에이블 2021

집을 찾기 시작하면 집만 보이고, 나무를 찾기 시작하면
나무만 보이는 것처럼. 집을 찾는 사람이 나무를 찾는 사람을
만날 때 세계는 조금 낯설어지고, 꼭 그만큼 넓어진다.
나는 앞으로 집 말고 또 무엇을 찾게 될까? 무엇을 원하고
무엇을 모으는 사람이 될까? 이 질문은 내가 나에게 어떤
세계를 보여줄 것인지 묻는 말이기도 하다. 혼자서는 아주
좁고 얕은 세계밖에 볼 수 없어서 내 곁에 있는 사람들이
무엇을 찾고 모으는지 곁눈질로 열심히 힐끔거린다. 그렇게
서로를 기웃거리며 우리는 어제보다 조금 더 먼 곳을 본다.

「모과나무 길」 p. 42~43

- 안희연 『당신이 좋아지면, 밤이 깊어지면』 난다 2023

나에게 밤 산책은 산책이 끝난 후에 비로소 시작되는 산책이다. 전자의 산책은 몸으로 하는 것이고 후자의 산책은 마음으로 하는 것이다. 낮 산책에서는 나를 둘러싼 세계를 볼 수 있지만 밤 산책에서는 유리창에 비친 나를 보게 된다. 낮 산책은 밖을 열며 나아가지만 밤 산책은 안을 열며 나아간다. 낮 산책에서는 주로 본다. 현상을, 이미지를, 나에게 도착한 장면을 판단하지 않고 일단 보는 것이 중요하다. 밤 산책에서는 곱씹는다. 현상을, 이미지를, 그 안에 숨은 의미를 침착하게 파악해보려는 노력이 이어진다. 낮 산책은 질문하려는 노력이고 밤 산책은 응답하려는 노력이다.

「밤 산책」 p.156~157

5

글을
잘 쓰기 위한
루틴과 리추얼

"글 쓸 시간이 없어요."

그간 가장 많이 들어본 글쓰기 고민입니다. 매일의 제 고민이기도 하죠. 글쓰기는 영감도 창작도 과정도 성취도, 어느 것 하나 분명하지 않고 그마저도 혼자 해야만 하는 일. 생활을 지키며 동시에 글 쓰는 삶을 지속하기란 너무나도 어렵습니다.

그 때문에 가끔씩 간절하게 찾아오는 영감이나 요동치는 감정에 휘둘려 글을 쓰다 보면 진짜 나다운 글을 쓰기가 더 힘들어집니다. 글 쓰는 사람들이 스스로를 우울하거나 슬픈 사람이라고 규정짓는 이유도 이 지점 때문입니다. 강렬한 감정은 대체로 남들에게 솔직하게 털어놓을 수 없는 분노와 슬픔, 우울로부터 이어지니까요.

나를 사로잡는 하나의 감정에, 하나의 글쓰기에 얽매이지 마세요. 나라는 사람은, 다채로운 감정과 서사와 얼굴을 가진 고유한 존재입니다. 저는 여러분이 지속 가능하게 글 쓰며 나다운 인생의 얼굴을 찾아가길 바랍니다.

"시간이 자기도 모르는 사이에 한 사람의 얼굴을 바꿔놓듯이 습관은 인생의 얼굴을 점차적으로 바꿔놓는다"라고 버지니아 울프는 말했어요. 꾸준히 글을 써왔던 제 경험에 비춰보면 글쓰기 습관이야말로 인생의 얼굴을 점차 바꿔줍니다. 내가 예상하지 못했던 더 나은 인생으로요. 딱 30일만 꾸준히 일기를 써봐도 내 인생이 달라진다는 걸 알게 될 거예요. 글을 쓰며 나다운 인생을 살고 싶다면, 꾸준하고 반복적인 글쓰기 습관이 필요합니다. 마치 운동선수처럼, 글 쓰는 근육을 단련하기 위해 규칙적으로 노력하는 일이죠.

**업무에 집중하는 평일과
완벽한 오프 모드 주말**

전업 작가들은 어떻게 시간을 관리하고 창작할까요? 14년 차 작가 고수리의 일과를 보여드릴게요. 저는 작가이자 글쓰기를 가르치는 교수, 초등학생 쌍둥이 형제의 엄마입니다. 대중적으로 쓰는 글을 에세이와 소설이지만, 각종 콘텐츠 구성과 카피라이팅, 큐레이팅 등 다양한 글 작업을 하는 프리워커로 일합니다.

저는 아침을 일찍 시작합니다. 해의 시간에 맞춰 일어나 영감을 주는 자유로운 독서와 글쓰기를 합니다. 8시쯤 가족들이 일어나면 간단한 아침식사와 등교 준비를 하고, 9시쯤 가족들 출근과 등교가 완료됩니다. 서둘러 집 정리를 하고 챙겨야 할 살림이나 생활 관련 업무, SNS 업무들을 해요. 아침 겸 점심을 챙겨 먹고 11시쯤 집을 나섭니다. 2024년부터는 동료 작가들과 함께 쓰는 작업실로 출근하고 있어요. 작업실에선 평균 4~5시간 정도 작업합니다. 5시 이후로는 아이들을 챙기고 저녁을 지어 먹고 함께 시간을 보내다가 자정 전에 잠듭니다.

막상 집필 작업에 집중할 수 있는 시간은 그리 많진 않아요. 주 3회

운동과 독서모임, 강의가 있는 날에는 그마저도 시간을 쪼개어 씁니다. 강의를 준비하고 진행하는 데에도 시간이 많이 듭니다. 시간이 별로 없는 엄마 작가다 보니, 틈틈이 작업하고 몸을 움직이는 습관이 몸에 배어 있어요. 대체로 밥 짓고, 청소하고, 아이들 돌보고, 읽고, 쓰고, 가르치는 생활을 규칙적으로 합니다.

주말에는 무조건 작업 스위치를 끕니다. 글도 쓰지 않고 SNS도 하지 않아요. 되도록 주말 강연도 잡지 않습니다. 만일 주말에 꼭 해야 하는 일이 있다면 새벽에 일어나 미리 해두고, 해 뜬 시간에는 가족들과 보냅니다. 저에겐 가족이 정말 중요해요. 제 인생의 코어랄까요. 가족들과 즐겁고 행복할 때야, 저도 행복하고 모든 일을 건강히 해낼 수 있어요. 아이들과 깔깔거리면서 온몸으로 노는 일이 제 인생에서 1순위입니다. 이렇게 보내면 일주일이 금방 휘 지나가요. 이런 시간을 보내며 일 년에 한 권씩 책을 만듭니다. 건강한 인생의 쳇바퀴를 만들기 위해서 부단히 단련한 저만의 글쓰기 루틴입니다.

**마음을 돌보고 자유로이 읽고 쓰는
아침 리추얼의 시간**

예술은 단조로운 반복으로 성취됩니다. 글 쓸 시간이 없다고 초조해하기보단 일단 주어진 시간을 활용해서 자기만의 효율적인 글쓰기 습관을 찾아야만 합니다. 글쓰기는 삶을 언어로 꺼내 쓰는 일. 그러니 건강한 몸과 마음, 일상과 글 쓰는 일 사이의 균형을 잡아가며, 글쓰기에만 매몰되지 않도록 예술하는 습관을 만들어야 합니다.

저의 하루를 들여다보면 아시겠지만, 막상 자유롭게 읽고 쓰는 시간은 없습니다. 특히 독서 시간이 터무니없이 부족하죠. 좋은 글을 많이 읽을수록 좋은 글을 쓰게 되는 건 당연합니다. 예술과 창작에는 좋은 영감을 채우는 일이 아주 중요하죠. 그러기 위해 저는 오랫동안 '예술하는 습관'이라고 부를 만한, 아침 리추얼을 이어왔어요. 평일에 부족한 시간과 마음의 충전은 아침에 합니다.

깜깜할 때 일어나 읽고 쓰는 것으로 하루를 열어요. 영감이 될 만한 책을 골라 아무 페이지나 펼쳐 읽다가, 마음을 움직이는 문장을 만나면 옮겨 적고, 곧바로 짧은 글을 쓰기도 합니다. 생산성이나 합리성을 따지지 않고, 마음 가는 대로 자유롭게 읽고 쓰는 아침이어야 합니다. 사유를 글로 옮겨 쓰는 법을 단련하기에 가장 좋은 리추얼을 제 나름의 방식으로 반복하면서 단련시켰지요. 독서에서 에세이 쓰기까지 이어지는 저만의 아침 리추얼을 아래와 같이 체계화해보았습니다.

문장수집 → 문장일기 → 문장에세이

문장수집 책 읽다가 멈춰선 문장에 밑줄 긋거나 도그지어(페이지 귀퉁이) 접기. 문장 아래 메모하기. 인상 깊은 문장들은 필사나 필타(문장 타이핑)하여 수집하기.

문장일기 영감이나 글감 메모하기. 나아가 수집한 문장으로부터 떠오르는 생각을 검열이나 편집하지 말고 오로지 자유롭게 쓸 것.

문장에세이 수집한 문장, 메모한 영감과 글감, 문장일기를 토대로 내 경험과 사유가 깃든 에세이 완성하기.

이 모든 과정을 PC와 연동되는 스마트폰 노트앱에 저장해두면 활용도가 높아집니다. 에세이를 쓸 때마다 키워드 검색을 활용해서 문장수집과 문장일기로 연결된 영감을 소재로 찾고, 짧은 '문장에세이'를 초고 삼아 한 편의 에세이로 완성하는 거예요. 이 리추얼로 글을 쓰면 좋은 책을 읽으면서 좀더 자유롭고 풍부한 영감과 사유가 깃든 글을 쓸 수 있습니다. 밝아오는 하루를 맞이하는 것처럼, 건강한 가능성을 품은 이야기를 써볼 수도 있을 거예요.

아침 리추얼은 저만의 마음돌봄이자 영감, 글쓰기 원동력입니다.

작가 토니 모리슨도 언제나 아침을 열며 글을 썼다고 해요. 누구에게도 방해받지 않고, 나만의 글쓰기 세계를 여는 일. 아침의 새 빛처럼 가장 깨끗한 에너지를 나에게 쏟아 나를 깨우는 일. 아이 셋을 키우며 88세까지 꾸준히 글 쓰던 엄마 작가의 리추얼이었죠. 저도 이 리추얼을 꾸준히 해왔고, 오래 이어가고 싶습니다. 글을 쓰다가 아이들이 일어나면 저는 다시 엄마의 일을 하러 가요. 나만의 의미를 충전하며 시작한 하루는 아침 해처럼 충만하게 기쁩니다.

작가는 살아가는 대로 쓰게 됩니다. 그래서 저는 글쓰기에만 매몰되지 않으려고 노력해요. 현실적 생활과 건강한 몸과 마음, 글쓰기 작업을 조율하며 나만의 안전한 루틴을 만들어야 해요. 작가로서 제가 믿는 능력도 빛나는 재능이 아니라 꾸준한 성실함입니다. 매일매일 부지런히 읽고 쓰고 모을 것. 정공법으로, 천천히 그러나 확실한 걸음으로 오래 쓰고 싶어요. 무엇보다도 제 인생을 주체적으로 일구고 싶습니다. 부지런히 밥을 지어 아이들을 먹이고 돌보듯이, 진심을 다해 학인들을 가르치고 챙기듯이, 글에만 매몰되지 않고 생활과 사람을 챙기며 제 삶을 풍부하게 짓고 싶습니다. 그리하여 10년쯤 뒤에는 제 인생의 얼굴이 다정하고도 단단하기를 바랍니다.

10년 후, 내 인생의 얼굴을 상상해보세요. 매일 글 쓰는 우리는 어떤 인생의 얼굴을 마주하게 될까요?

나를 사로잡는 하나의 감정에,

하나의 글쓰기에 얽매이지 마세요.

나라는 사람은,

다채로운 감정과 서사와 얼굴을 가진

고유한 존재입니다.

매일매일 부지런히

쓰고 모을 것.

매일 글 쓰는 우리는

어떤 인생의 얼굴을

마주하게 될까요?

• 파리 리뷰 엮음 『쓰기라는 오만한 세계』

파리 리뷰 엮음/김율희 옮김·다른 2024

제가 언제나 아직 캄캄할 때(반드시 캄캄해야 해요) 일어나 커피를 한 잔 내린 다음, 커피를 마시며 동이 트는 광경을 지켜본다는 사실이 떠올랐지요. (…) 생각해보니 이 의식은 저로서는 성스럽다고 표현할 수밖에 없는 어떤 공간으로 들어가는 준비 과정이더군요. 모든 작가는 뭔가를 만나게 될 공간, 자신이 어떤 통로로 쓰일 공간, 또는 이 신비로운 과정을 경험하게 해줄 공간에 다가갈 방법을 강구합니다.

저에게는 빛이 그런 전환의 신호입니다. 그 공간은 빛 '속'에 있는 게 아니라 '빛이 닿기도 전'에 이미 그곳에 있습니다. 어떤 의미에서 그 공간이 저를 움직입니다.

토니 모리슨의 인터뷰 「어떻게 글을 쓰십니까?」 p.110~111

- 봉현 『단정한 반복이 나를 살릴 거야』 미디어창비 2022

밤마다 책상 앞에 앉아 오늘의 성취를 기록하고 실패에 밑줄을 그어보자. 그리고 내일의 계획을 적어보자. 계획은 자주 지워지고 다른 단어로 교체되겠지만, 할 수 있는 일로 채워본다. 그건 내일의 나에게 오늘의 내가 전하는 인사. 오늘의 나는 실패했지만 내일의 나에게 성공을 부탁하면서 일기장을 덮는다.

「실패를 계획하면 생기는 일」 p.82

- 김신지 『기록하기로 했습니다』 휴머니스트 2021

매일 쓰는 사람이 그렇지 않은 사람에 비해 조금이라도 더 나은 사람이 될 가능성이 있다면, 그건 훗날 돌아볼 기록이 과거를 반성하게 해주어서가 아니라 현재에서 나와 마주 앉는 시간을 꾸준히 보내기 때문일 거예요. 그리고 그 시간은 인생에서 내게 그리 중요하지 않은 것들에 쓸데없이 힘을 빼지 않도록, 반대로 내게 중요한 것들을 지키며 살 수 있도록 도와줄 것입니다.

「오늘 내 마음을 스친 것들 기록하기」 p.46

- 무라카미 하루키 『달리기를 말할 때 내가 하고 싶은 이야기』 임홍빈 옮김·문학사상 2009

장편소설을 쓰고 있을 때와 똑같은 요령이다. 더 쓸 만하다고 생각될 때 과감하게 펜을 놓는다. 그렇게 하면 다음 날 집필을 시작할 때 편해진다. 어니스트 헤밍웨이도 아마 비슷한 이야기를 썼던 것으로 기억하고 있다. 계속하는 것— 리듬을 단절하지 않는 것. 장기적인 작업을 하는 데에는 그것이 중요하다. 일단 리듬이 설정되어지기만 하면, 그 뒤는 어떻게든 풀려 나간다. 그러나 탄력을 받은 바퀴가 일정한 속도로 확실하게 돌아가기 시작할 때까지는 계속 가속하는 힘을 멈추지 말아야 한다는 것은 아무리 주의를 기울인다고 해도 지나치지 않다.

「1장 누가 믹 재거를 비웃을 수 있겠는가?」 p.19

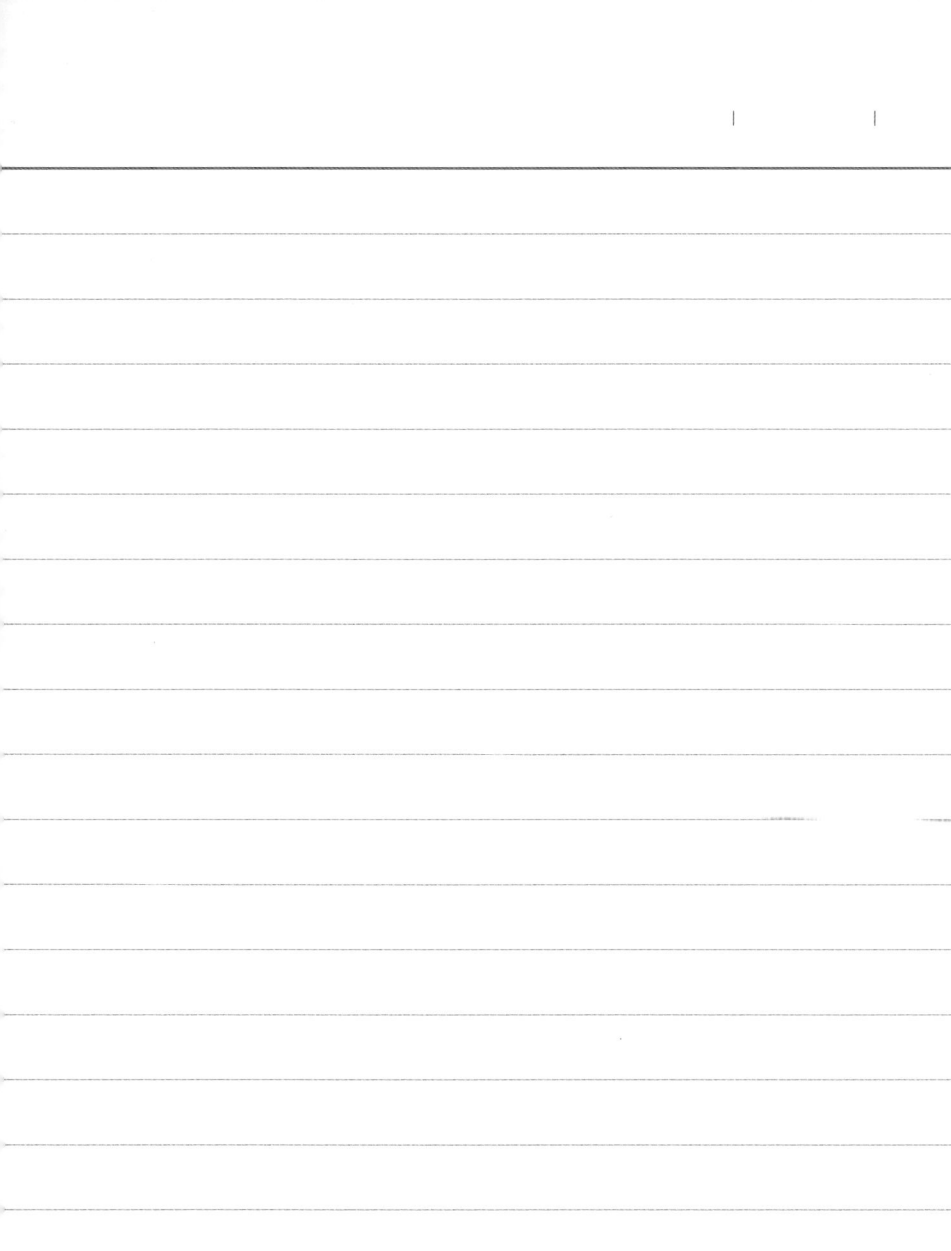

- 바버라 애버크롬비 『작가의 시작』 박아람 옮김·책읽는수요일 2016

글 쓰는 시간을 정했다면 그 시간을 온전히 소유해라. 문을 닫고 바깥세상과 교류를 끊어라. 그래봐야 빈 컴퓨터 화면을 바라보며 도대체 무얼 써야 하나 고민할 뿐이라도 괜찮다. 그게 바로 작가들이 하는 일이다.

「마치 작가인 것처럼」 p.225

- 문보영 『준최선의 롱런』 비사이드 2019

내가 되고 싶은 사람은 일상을 잘 살아 내는 사람이다.
예술을 위해 일상을 내팽개치는 예술가 대신, 밥도 잘 챙겨
먹고 규칙적으로 일어나고 자는 사람. 내가 하고 싶은 것은
'평범함'이다. 내게 예술이 전부였던 시절 나에겐 일상보다
시가 더 중요했다. 반면 시를 쓰지 않는 나는 아무것도 할 줄
모르는 바보였다. 시를 잠시 떠나 있는 동안 내게는 무너진
일상만이 남아 있었다. 그래서 걸음마를 하듯이 일상을
연습하기 시작했다. 아침에 일찍 일어나기, 좋아하는 카페나
식당 찾아가기, 줄 서서 마카롱 사기, 마카롱에 기뻐하기,
빨래하기, 하릴없이 산책하기, 장보기, 잘 자기···.
여기서 내게 쉬운 건 하나도 없었다.

「프롤로그」 p.7~8

- 이슬아 『부지런한 사랑』 문학동네 2020

지금은 더이상 재능에 관해 생각하지 않는다. 그렇게 된 지 오래다. 꾸준함 없는 재능이 어떻게 힘을 잃는지, 재능 없는 꾸준함이 의외로 얼마나 막강한지 알게 되어서다.
재능과 꾸준함을 동시에 갖춘 사람은 더할 나위 없이 훌륭한 창작을 할 테지만 나는 타고나지 않은 것에 관해, 후천적인 노력에 관해 더 열심히 말하고 싶다. 재능은 선택할 수 없지만 꾸준함은 선택할 수 있기 때문이다.

「재능과 반복」 p.24

• 박완서 『나의 만년필』 문학동네 2015

자랑할 거라곤 지금도 습작기처럼 열심이라는 것밖에 없다. 잡문 하나를 쓰더라도, 허튼소리 안 하길, 정직하길, 조그만 진실이라도, 모래알만한 진실이라도, 진실을 말하길, 매질하듯 다짐하며 쓰고 있지만, 열심이라는 것만으로 재능 부족을 은폐하지는 못할 것 같다.

「중년 여인의 허기증」 p.168

- 손현 『글쓰기의 쓸모』 북스톤 2021

'지금 당신의 인생을 세 줄로 표현한다면?'
여기에 답하려면, 다음 질문에도 대답할 수 있어야 한다.
내가 살아온 시간, 일해온 시간을 어떻게 기록하고 앞으로
어떻게 살 것인가.
그 기록과 이야기는 우리 삶보다 생명력이 길다. 기록과
이야기는 오래도록 남아 다시 당신을 드러낸다.

프롤로그 「죽은 후에도 글쓰기는 계속된다」 p.8

• 이연 『매일을 헤엄치는 법』 푸른숲 2022

많은 사람들이 내게 "어떻게 하면 나다움을 찾을 수 있을까요"라고 묻는다. 나는 그녀의 말에 모든 힌트가 있다고 생각한다. 우선 원하지 않는 잔가지를 잘라내자. 그러면 보인다. 내가 무엇을 나로 설명하고 싶은지, 어디로 자라고 싶은지, 어떤 모양의 나무가 되고 싶은지.

「삶의 가지치기」 p.182

6

글을 시작하기 전에
던지는
세 가지 질문

연필을 쥔 당신 앞에 빈 종이가 있습니다.

자, 이제 글을 써봅시다.

똑딱똑딱. 시간이 흘러갑니다. 문장은 떠오르지 않고 연필은 움직이지 않습니다. 그렇게나 글을 쓰고 싶었는데, 막상 글쓰기를 시작하자 아무것도 쓸 수 없습니다. 생각은 뒤엉키고 첫 문장은 무겁습니다. 시간은 흐르고 빈 종이는 내 머릿속처럼 텅 비어 있고요. 정말이지 바보가 된 것 같아요. 그런데 당신만 그런 게 아니에요. 작가들은 매번 빈 종이 앞에서 이런 마음을 느낍니다. 아무래도 익숙해지지 않습니다. 오죽하면 빈 페이지 증후군(blank page syndrome)이라는 말도 있답니다. 대체 글을 어떻게 시작해야 할까요?

내 이야기를 자유롭게 쓴 글을 우리는 에세이라고 부릅니다. 에세이는 수필이고, 수필(隨筆)은 '붓 가는 대로 쓰는 글'이라며 쉽게 여기기도 하죠. 막상 쓰려고 하면 자유로움과 '형식 없음'이 몹시 당혹스럽게 다가옵니다. 내 이야기 쓰기에 가장 어려운 지점이 이것이지요. 쓸 이야기는 너무 많은데, 주제도 형식도 문체도 정해져 있지 않은 글을 어디서부터 어떻게 시작할 수 있을까요?

그저 연필이 가는 대로 글을 쓴다면 자기만 알아볼 수 있는 낙서가 될 거예요. 만일 내 글이 누군가에게 읽히기를 바란다면 깊이 생각하며 고쳐봐야 합니다. 독자에게 편안하게 읽히기에 '붓 가는 대로 쓰는 글'처럼 느껴지는 좋은 에세이에는, 작가의 깊은 사유와 치밀한 짜임이 독자가 느끼지 못할 정도로 자연스럽게 녹아 있습니다. 때문에 '무형식의 형식'이라는 말은 형식이 없다는 것이 아니라, 형식이 자유롭고 다양하다는 의미입니다. 에세이는 형식이 자유로운 만큼 '무엇을 쓸 것인가'가 아주 중요한 글이지요.

글을 시작하기 전에 세 가지 질문을 던져보세요.

- 나는 왜 글을 쓰려는 걸까?
- 어떤 글을 쓰고 싶은 걸까?
- 누구에게 무슨 말을 전하고 싶은 걸까?

먼저 이 세 가지 질문을 골똘히 생각해보길 바라요. 이 질문에 스스로 내린 답변이 글의 색과 메시지를 결정한답니다. 에세이가 일기와 다른 점은 독자를 두고 쓴 글이라는 거예요. 내가 하고 싶은 말을 독자에게 전달하는 글쓰기지요. 글쓰기를 시작하기 전에, 혹은 글을 쓰다가 헤매거나 완결할 수 없어 막막할 때에는 이 질문의 답을 다시 떠올려보세요.

이 글을 읽어줄 독자를 상상해보는 것도 좋습니다. 독자는 가족이나 애인이 될 수도 있고, 친구나 나와 비슷한 사람들이 될 수도 있고 나 자신이 될 수도 있습니다. 상상 속의 독자들에게 말을 건다고 생각하며 글을 쓰면 됩니다. 그럼 자연스레 글이 조금씩 나아집니다. 내가 글로 말하려는 메시지가 분명하면, 그 메시지를 어떻게든 잘 전달하기 위해 계속 고쳐 쓰게 됩니다. 그러면 전문작가의 글처럼 수려한 글은 아니어도 나다운 선명한 글을 쓸 수 있게 됩니다. 글을 잘 쓰고 싶다면, 내가 표현하고 싶은 장면과 메시지가 무엇인지 내 안의 목소리에 먼저 귀를 기울여보세요.

나의 어떤 이야기를 어떻게 나답게 쓸 것인가.

세상에서 나만이 쓸 수 있는 이야기를 어떻게 찾을 수 있을까요? 자유롭게 쓰기 위해선 나의 어떤 이야기를 쓸 것인지 글감을 먼저 찾아야겠죠. 그 과정은 반드시 필요해요. 스스로 찾아야만 하는 글쓰기이고요. 가장 쉬운 글감 찾기 방법을 알려드릴게요. '나는 기억한다' 자전적 기억 글쓰기입니다.

뉴욕 아티스트 조 브레이너드는 실험적인 글쓰기 방식으로 자서전 『나는 기억한다(I remember)』를 썼습니다. 첫 페이지부터 마지막 페이지까지 '나는 기억한다'라는 1,500개의 문장으로만 이어지는데요. 단숨에 따라 읽고 나면 결국 삶이란 사람의 사소하거나 강렬한 기억들로 지탱된다는 깨달음과 함께, 우리 각자의 기억을 떠올리게 합니다.

나는 기억한다, 아버지가 연필을 깎아주던 순간을. 그때 아버지를 바라보며 느끼던 복잡한 미움을.
나는 기억한다, 밤바다에서 엄마와 자판기 커피를 마시던 것을. 조각공원의 200원짜리 밀크커피여야 했다.
나는 기억한다, 늘 같은 창가에 앉아 책 읽던 도서관. 그 고요함. 고요한 자리에서 읽었던 환상적인 이야기들을.
나는 기억한다, 백일장에 거짓말로 글을 써냈던 순간을.
나는 기억한다, 솔직한 글을 쓰고 인정받았던 하루. 처음 사람들 앞에서 그 글을 읽던 순간을. 왈칵 울 뻔했다. 모두가 내 이야기를 듣고 있었다.
나는 기억한다, 야자 시간에 미완성 소설을 써보았던 것을. 처음 느껴본 쓰는 기분을.

「나는 기억한다」 p.191~192 (『마음 쓰는 밤』 미디어창비 2022)

"나는 기억한다."

글쓰기 문턱을 없애고, 단번에 글쓰기를 시작할 수 있는 마법의 첫 문장입니다. 이 문장에 이어서 나의 기억을 와르르 꺼내보세요. 종이 위에 연필을 자유롭게 움직여요. 10분 동안 쏟아지는 기억을 받아 적어요. 그 모든 기억이 글감이 될 겁니다.

기억이 선명하지 않아도 걱정할 필요 없습니다. 선명하지 않은 '왜곡된 기억'을 쓰는 게 중요하니까요. 삶을 기록하는 일에는 글 쓰는 사람의 해석이 들어갈 수밖에 없습니다. 작가 수전 티베르기앵은 "삶이란 어느 한 사람이 살아온 과정을 말하는 것이 아니다. 그 사람이 그 과정 속에서 무엇을 기억하고, 기억을 어떻게 이야기하는가다"라고 말했어요. 내 이야기를 쓴다는 건, 사실 아닌 진실을 쓰는 일입니다. 내가 기억하는 삶의 순간을 나만의 시선과 마음으로 재구성해보는 일인 것이죠.

내 삶의 진실은 나만이 쓸 수 있습니다. 나는 무엇을 보았고 무엇을 경험했고 무엇을 느꼈는지. 그 순간이 나에게 어떤 영향을 주었는지. 내가 그 순간을 기억하는 이유는 무엇인지. 기억으로부터 확장된 물음들을 세세하게 되짚어 답하다 보면, 보다 진실에 가까워질 거예요. 왜곡된 기억이야말로 지금 나의 어떤 행동, 언어, 생각, 태도가 있게 한 근원이 숨어 있습니다. 내 삶의 진실된 기록자가 되어보세요.

지금도 글을 쓸 때면 빈 종이 앞에서 오만가지 마음이 교차해요. 그럴 때마다 연필을 쥔 나에게 묻습니다.

"나의 어떤 이야기를 어떻게 나답게 쓸 것인가."

작가에게 빈 종이는 두려움일 수도 가능성일 수도 있습니다. 나에겐 이미 쓸 이야기가 너무나 많아요. 나만이 쓸 수 있는 이야기가 있습니다. 두려움은 비우고 가능성을 채워보세요. 빈 종이 안에서 나는 무엇이든 될 수 있고 무엇이든 할 수 있습니다.

글 쓰는 나를 믿어보세요.

나의 어떤 이야기를

어떻게

나답게 쓸 것인가.

내 삶의 진실은

나만이 쓸 수 있습니다.

- 황정은 『일기』 창비 2021

사람들은 온갖 것을 기억하고 기록한다. 기억은 망각과 연결되어 있지만 누군가가 잊은 기억은 차마 그것을 잊지 못한 누군가의 기억으로 다시 돌아온다. 우리는 모두 잠재적 화석이다. 뼈들은 역사라는 지층에 사로잡혀 드러날 기회조차 얻지 못한 채 퇴적되는 것들의 무게에 눌려 삭아버릴 테지만 기억은 그렇지 않다. 사람들은 기억하고, 기억은 그 자리에 돌아온다.
기록으로, 질문으로.

「책과 책꽂이 이야기를 쓰려고 했지만」 p.76

- 세라 망구소 『망각 일기』 양미래 옮김·필로우 2022

언젠가는 내가 잊은 몇몇 순간들, 내가 스스로 잊어도 된다고 허락한 순간들, 내 뇌가 애초에 잊을 수밖에 없는 순간들, 내가 기꺼이 잊고 또 쓰기를 통해 기꺼이 되살려낸 순간들을 일기 속에서 발견하게 될지도 모르겠다. 경험은 더 이상 경험이 아니다. 경험은 쓰기다. 나는 여전히 쓰고 있다.

p.96

- 로마노 과르디니 『삶과 나이』 김태환 옮김·문학과지성사 2016

우리가 별다른 생각 없이 어떤 삶에 대해 "몇 년, 몇 주, 며칠"의 시간이라고 말해버린다면, 그것은 추상적인 시간 혹은 날짜의 기계적인 획일성을 핑계로 삼아 유일무이함의 무게를 회피하려는 기만일 뿐입니다. 모든 하루하루, 모든 한 해 한 해는 우리의 구체적인 삶의 생생한 시기들입니다. 이들은 단 한 번밖에 오지 않기에 우리의 삶 전체에서 다른 무엇과도 바꿀 수 없는 지위를 갖는 것입니다.

「삶의 시기」 p.11~12

- 황효진·윤이나 『자세한 건 만나서 얘기해』 세미콜론 2021

물론, 내 이야기를 한다는 것이 나의 모든 것을 솔직하게 드러낸다는 뜻은 아닙니다. 글은 누군가를 놀라게 하기 위한 충격 고백 같은 것이 되어서는 안 될 테니까요. 내가 하고 싶은, 할 수 있는 이야기가 무엇인지 정확히 찾고, 그 이야기를 왜 지금 내가 해야 하는지, 그 이야기를 통해 내가 보여주고 싶은 진실은 무엇인지, 어떤 진실을 통해 다른 사람들과 연결되고 싶은지 알고 글을 쓴다는 의미예요.

황효진 「네 이야기를 써, 무엇에 관한 것이든」 p.52

- 김나무 『조금 불편해도 나랑 노니까 좋지』 위고 2024

누군가와 함께했던 시간을 떠올리고 얼굴을 기억해내는 것으로 살고 싶은 마음을 얻을 수 있다니 사람은 정말 이상하다. 다 지나가버린 지난날들을 돌이켜보았을 뿐인데 사는 일이 이제 시작된 것 같다.

「이야기를 마치며」 p. 324~325

- 임지은 『헤아림의 조각들』 안온북스 2023

읽는 사람은 자신을 멈추게 한 지점에서 출발해 쓰는 사람이 되는 게 아닐까. 내가 기대온 언어 중 상당수가 여성의 것이었다는 점에서, 여성 서사란 이어달리기일지도 모른다. 바통을 받고, 그걸 또 다른 누군가에게 넘겨주려 빈 종이 위를 달려보는 것. 이어받고 또 이어가는 것.

에필로그 「아무리 헤아려도」 p.245

- 이도우 『밤은 이야기하기 좋은 시간이니까요』
  위즈덤하우스 2020

인생은 지는 게임이라고 평소 생각해왔습니다. 기왕이면 잘 지는 게임, 아름답게 지는 게임이라고. 살아가는 건 마침내 행복해지기 위해서가 아닌 것 같아요. 결국 꿈을 이루려고도 아니고. 그저 순간 속에 있기 위해 살아가는 거라고 생각합니다. 반짝이는 한순간, 보석같이 소중하고 귀한 순간과 가끔 조우해 그 속에 잠시 눈을 감고 있으려고요. 마치 민들레가 무엇을 잃어버렸을까 상상해보듯이, 꿈꾸던 것들이 손에 잡히지 않고 다만 손등을 스쳐가는 걸 느껴보려고.

「아름다운 나그네여」 p.324~325

• 오하나 『계절은 노래하듯이』 미디어창비 2022

땀 흘리며 일하는 노동의 순간에는 자연의 아름다움을 온전히 감상할 마음의 여유가 없다. 집으로 돌아와 씻고, 한숨 돌린 뒤에 이렇게 책상에 앉아 글로 정리하고, 노동의 순간을 돌이켜 내가 나를 관조하면서, 그때 나는 초록이 되어버렸다고 뒤늦게 의미를 찾아감으로써 비로소 충만해진다.

「초록」 p.89

- 정혜윤 『아무튼, 메모』 위고 2020

이제껏 해보지 못한 생각을 하면 좋고 이제껏 느껴보지 못한 것을 느낄 수 있으면 좋다. 꼭 시원한 바람이 얼굴을 스치는 것 같다. 그리고 '아! 이거구나' 하는 깨달음은 반드시 침묵을 데리고 온다. 시간은 잠시 정지된다. 삶은 흘러가는 시간이 아니라 정지된 시간 속에서 자기 모습을 만든다. 삶은 구불구불 흘러가다가 잠깐 멈추고 정지된 시간 속에서 단단해진다.

「메모는 나를 속인 적이 없다」 p.64

- 프랑수아즈 사강 『인생은 너무도 느리고 희망은 너무나 난폭해』 김계영 옮김 레모 2023

편지 고마워, 감동했어. 걱정하지 마, 나는 사람들이 말하는 것처럼 불행하지 않으니까. 단지 그들은 몇 가지 측면에서 자기에게서 멀어지는 이에 대해 그런 식으로 말할 뿐이야, 자기 자신의 실망보다 타인의 불행을 원하면서 말이야. 나는 조금도 불행하지 않아, 그리고 너와 함께 있을 때 보이는 나의 타고난 명랑함은 끔찍한 노력의 대가가 아니야.

p.83

7

글은 구체적으로,
선별해서,
다르게 쓴다

나의 어떤 이야기를 쓸지 정했다면 이제 나답게 써볼까요? 저의 글 쓰는 법을 한 가지 알려드리자면, 독자와 대화하듯이 글을 씁니다.

서두에서 작가는 독자에게 말을 걸어야 합니다.

"있잖아. 나 이런 일이 있었는데 들어볼래?"

본문에서 작가는 독자의 손을 잡고 작가의 경험으로 데려와야 해요.

"여기 봐봐. 나 이런 걸 느끼고 이런 생각이 들었어. 그게 되게 인상 깊었어."

결미에서 작가는 독자에게 물어야 합니다.

"나한테 이런 의미로 남더라. 너는? 너라면 어땠을까?"

글을 읽고 난 독자는 여운을 곱씹으며 자기만의 경험과 사유를 떠올리겠지요. 작가의 글에는 작가의 경험과 말투와 의미가 녹아 있어요. 독자는 다른 사람의 이야기를 읽으며 자기 자신의 이야기를 떠올리게 돼죠. 간접 경험을 하고 직접 사유하게 만드는 글은 오래도록 마음에 남습니다.

에세이는 보편적으로 한 편당 2,000자 내외 분량에 작가의 경험과 사유를 담은 경제적인 글이에요. 짧은 글로 독자의 마음을 움직이려면 글은 간결하고 소박해야 합니다. 독자가 이해하고 받아들이고 해석할 여지가 있어야 하거든요. 여기에 '나답게' 작가의 개성을 더하고 싶다면 구체적으로, 선별해서, 다르게 써봅시다.

구체적으로 쓰기

삼십 초 안에 소설을 잘 쓰는 법을 가르쳐드리죠. 봄에 대해서 쓰고 싶다면, 이번 봄에 어떤 생각을 했는지 쓰지 말고, 무엇을 보고 듣고 맛보고 느꼈는지를 쓰세요. 사랑에 대해서 어떻게 생각하는지 쓰지 마시고, 연인과 함께 걸었던 길, 먹었던 음식, 봤던 영화에 대해서 아주 세세하게 쓰세요. 다시 한번 더 걷고, 먹고 보는 것처럼. 우리의 마음은 언어로는 직접 전달되지 않는다는 것을 기억하세요. 우리가 언어로 전달할 수 있는 건 오직 감각적인 것들 뿐이에요. 이 사실이 이해된다면, 앞으로 봄이 되면 무조건 시간을 내어 좋아하는 사람과 특정한 꽃을 보러 다니고, 잊지 못할 음식을 먹고, 그날의 날씨와 눈에 띈 일들을 일기장에 적어놓으세요. 우리 인생은 그런 것들로 구성돼 있습니다. 그렇다면 소설도 마찬가지예요. 이상 강의 끝.

김연수 「펄펄 끓는 얼음에 이르기 위한 5단계」 p. 217~218
(『소설가의 일』 문학동네 2014)

글을 잘 쓰고 싶으세요? 구체적으로 쓰세요. 저는 이보다 더 좋은 방법을 알지 못합니다. 꼭 소설이 아니어도 에세이도 마찬가지입니다. 내가 겪은 경험에서 인상적인 장면을 보여주듯이, 그려주듯이 구체적으로 써야 합니다.

초보 작가의 가장 흔한 실수는 추상적인 마음을, 추상적인 문장으로 표현하다가, 추상적인 난해한 사유로 끝내버리는 것입니다. 보기엔 예쁜 문장은 많은 것 같은데 도통 무슨 얘기인지 이해할 수 없는 글을 쓰는 거예요. '이 작가는 대체 무슨 말을 하는 거야?' 미사여구만 가득한 난해하고 추상적인 글은 독자를 이탈하게 만들죠.

'문장삼이文章三易'라는 말이 있습니다. 문장이 갖추어야 할 세 가지 정도로 '보기 쉽고, 알기 쉽고, 읽기 쉬운 문장을 써라'는 옛 가르침인데요. 에세이의 미문(美文)도 마찬가지입니다. 미사여구로 꾸민 문장보다 문장삼이를 갖춘 문장이야말로 독자에게 담백하고 소박한 아름다움을 전해줍니다. 만약 습관처럼 추상적인 문장을 써왔다면 독자의 시선으로 이해하기 어려운, 오해의 여지를 하나씩 지우면 됩니다.

진지하게 글을 써보고 싶은 초심자일수록 독자가 보기 쉽고, 알기 쉽고, 읽기 쉬운 문장으로, 구체적으로 써야 합니다.

선별하여 쓰기

자신이 실제로 해보거나 겪은 일, 보고 듣고 느낀 것들을 자유롭게 쓴 글이 에세이입니다. 그렇기에 에세이에는 어떤 분야보다 작가의 개성과 문체가 담기기 마련인데요. 좋은 에세이는 소설이나 영화처럼 독자에게 인상 깊은 장면을 선사합니다. 사람의 마음을 감응시키고 감동하게 만든 글은 이야기를 읽고 나서도 어떤 장면과 대사로 두고두고 남습니다. 구체적으로 쓰되, 모든 장면이 아니라 가장 중요한 이야기, 집중하고 전달하고 싶은 이야기를 선별하여 구체적으로 쓰세요.

경험은 장면으로 남습니다. 사랑하는 마음을 전하고 싶다면, "사랑해"라고 말하지 않고 '사랑의 장면'을 쓰세요. 내가 당신을 진실로 사랑한다고 느꼈던 인생의 명장면을 선별하여 구체적으로 써주세요. '사랑'은 누구나 느낄 수 있는 보편적인 마음일지도 모릅니다. 그러나 내가 곰곰이 생각하고 고른 '사랑의 장면'은 세상에서 단 하나뿐인 내 이야기가 됩니다.

많은 글쓰기가 그런 식이다. 맞춤법은 시간이 가면 정확해지지만, 우리의 의도를 제대로 반영하도록 단어들을 배열하는 데는 꽤 고단한 노력이 필요하다. 보통 글로 쓴 이야기는 사건의 거죽만 훑고 지나간다. (…) 삶을 붙잡아두는 데는 감각 경험을 충실하게 기록하는 것 이상이 필요하다. 우리가 보는 것을 나열한 자료는 예술이 되지 못한다. 오직 선별을 할 때에만, 선택과 생각이 적용될 때에만 사물들이 자연스러워 보일 수 있다.

알랭 드 보통 「글쓰기(와 송어)」 p.114 (『슬픔이 주는 기쁨』 정영목 옮김·청미래 2022)

다르게 쓰기

계속 글을 써온 사람들은 자꾸 욕심이 생기기 마련입니다. 자신만의 문체가 생겨나고, 특정 표현만 고집하는 문장 습관이 있다는 것도 알게 되죠. 또 다른 표현이 있지 않을까. 다른 방식으로 써볼 수 있지 않을까. 곰곰 고민하게 되는 때가 오게 될 텐데요. 그땐 다르게 쓰기를 시도해보세요.

전체 글의 구성을 미괄식이나 두괄식으로 바꿔본다거나, 글의 장면을 편집하듯 다르게 배치해보세요. 평범한 문장의 어순을 바꿔보아도 좋습니다. 문단 구성과 문장 어순만 바꾸어도 글의 분위기는 완전히 달라집니다.

가장 쉬운 방법으로는 비슷하지만 새로운 표현을 찾아 써보는 것인데요. 온라인 국어사전에서 쓰려는 단어를 검색해서 사용하고자 하는 의미가 맞는지, 어떤 유의어와 반대어가 있는지 찾아봅시다.

혼자 있는 마음은 <u>쓸쓸하다</u>

예를 들어 위 문장에서 '쓸쓸하다'라는 단어를 찾아보면 유의어로 외롭다 / 스산하다 / 적적하다 / 덩그렇다 / 써늘하다 등이 기재되어 있는데요. 저는 '덩그렇다'라는 말이 어쩐지 쓸쓸한 마음의 모양을 공감각적으로 좀 특별하게 그려낸 것 같아 이렇게 고쳐보려고요.

[혼자 있는 마음은 쓸쓸하다. → 혼자 있는 마음은 덩그렇다.]

또 '덩그렇다'의 뜻을 찾아보면 쓸쓸하다 / 덩덩그렇다 라는 유의어가 기재되어 있습니다. '덩덩그렇다'도 새롭고 특이하죠? 하지만 내가 생각하는 마음의 표현에 들어맞지 않거나, 내 글의 분위기와 어울리지 않다면 과감하게 버려야 합니다. 대신 저라면 다음에 활용할 수 있으니 사전에 단어 저장을 해두겠어요.

이런 식으로 글을 쓸 때에는 사전을 늘 가까이 두세요. 유의어와 반대어, 그리고 예문들을 꼼꼼히 읽어보세요. 미묘하게 다른 단어들의 뜻과 예문을 살펴보면서 나에게 맞는 어휘를 찾아가면 됩니다. 사전과 맞춤법 검사를 하루에도 수십 번 하는 것이 작가의 일입니다. 어휘를 더 늘리고 싶으시다면 한국 시인들의 시집을 읽어보세요. 아름다운 어휘의 세계가 열린답니다.

구체적으로, 선별해서, 다르게.
그러니까 나답게 한 번 써볼까요?

문장삼이(文章三易)

보기 쉽고,

알기 쉽고,

읽기 쉬어야 한다.

내가 곰곰이 생각하고 고른

'사랑의 장면'은

세상에서 단 하나뿐인

내 이야기가 됩니다.

• 김애란 『잊기 좋은 이름』 열림원 2019

그러니 만일 제가 그때로 돌아간다면 어린 제게 이런 말을 해주고 싶습니다. 지금 네가 있는 공간을, 그리고 네 앞에 있는 사람을 잘 봐두라고. 조금 더 오래 보고, 조금 더 자세히 봐두라고. 그 풍경은 앞으로 다시 못 볼 풍경이고, 곧 사라질 모습이니 눈과 마음에 잘 담아두라 얘기해주고 싶습니다. 같은 공간에서 같은 사람을 만난대도 복원할 수 없는 당대의 공기와 감촉이 있다는 걸 알려주고 싶습니다.

「생일 축하」 p.133

• 김해서 『답장이 없는 삶이라도』 세미콜론 2022

어느새 활자로 가득 채워진 지면을 마주하면, 내 발자국만 찍혀 있는 넓은 설원을 마주하는 것 같다. 눈 아래 원래 어떤 길이 있었는지 아랑곳 않고, 성큼성큼 걸어 다닌 흔적을 본다. 백지에서 한 편의 세계를 완성하기까지, 그 세계에 대한 모든 권한이 나에게 있다. 얼마나 멋진가. 자기 자신을 믿는 만큼 자유로워진다는 사실을 아는 자의 발자국. 고독하고도 가뿐한 발자국을 확인하는 것보다 짜릿한 순간은 없다.

「백지와 나」 p.87

- 배삼식 『화전가』 민음사 2020

> 초고를 마치고 오래 묵은 나무들을 보러 가서 겨울 가지 아래 오래 서 있었습니다. 잠깐 동안, 아무런 의미 없이 세계는 충만했습니다. 알아듣지 못하고 흘려보낸 목소리들이 허공에 떠돕니다. 그것을 더듬는 것은 늘 때늦은 일입니다만. 백살 먹은 나무는 아흔아홉 해의 죽음 위에 한 해의 삶을 살포시 얹어 놓고 있습니다. 얇은 피막 같은 그 삶도 지금은 동면 중입니다만. 나무는 또 잎을 내밀고 꽃을 피우겠지요. 지나간 죽음들을 가득 끌어안고 서서. 올해의 잎과 꽃들이 작년 그것은 아니겠지만. 마음은 다시 온다고, '봄이 돌아온다'고 속삭입니다. 아름다운 것은 늘 안타깝고, 오직 이 안타까움만이 영영 돌고 돌아오는 것이니까요.

「작가의 말」 p.143

• 박지완 『다음으로 가는 마음』 유선사 2023

하나도 달라지지 않았다.
결국 다시, 쓰는 수밖에 없다.

나는 이제 불안의 존재를 인정하게 되었고, 나의 불안이 동반한 광기 또한 인정하게 되었다. 다만 그것을 받쳐줄 체력이 필요할 뿐. 그리고 이렇게 이름을 걸고 나의 불안에 대한 글을 부끄러워하며 쓰고 있다. 왜냐하면 글을 쓸 때 나의 불안은 조금 작아지므로.

「불안을 달래는 법」 p.20

- 백수린 『다정한 매일매일』 작가정신 2020

소설이 삶을 닮은 것이라면, 한길로 꼿꼿이 가지 못하고
휘청휘청 비틀댄다 해도 뭐 어떤가. 내가 걷는 모든
걸음걸음이 결국엔 소설 쓰기의 일부가 될 텐데. 길 잃고
접어든 더러운 골목에서 맞닥뜨리는, 누군가 허물처럼
벗어놓고 간 쓰레기들과 죽은 쥐마저도 내 빵에 필요한
이스트나 밀가루가 될 텐데. 그러므로 그림자처럼, 한낮의
시간에는 더욱 짙어지는 익숙한 열등감과 수치심이 찾아오면,
이제 나는 그것들을 양지바른 곳에 펼쳐놓고 마르길 기다리며
찬찬히 들여다본다. 오븐의 열기는 하오의 볕처럼 공평하니까
어쩌면 내가 소설을 쓰는 사람인 한, 나에게도 언젠가는
따뜻한 식빵 한 덩이가 생길지도 모른다고 믿어보면서.

「나만의 식빵」 p. 64

• 크리스티앙 보뱅 『작은 파티 드레스』 이창실 옮김·1984Books 2024

당신이 사랑하는 책들은 당신이 먹는 빵과 뒤섞인다.
그 책들은 스쳐 지나간 얼굴이나 맑고 투명한 가을 하루처럼
삶의 온갖 아름다움과 운명을 같이한다. 그것들은 의식으로
통하는 문을 알지 못한 채 몽상의 창을 통해 당신 안으로
미끄러져 들어와 당신 자신은 결코 가지 않는 깊숙한
외딴방까지 교묘히 스며든다. 몇 시간이고 책을 읽다 보면
영혼에 살며시 물이 든다. 당신 안에 존재하는 비가시적인
것에 작은 변화가 닥친다. 당신의 목소리와 눈빛이, 걸음걸이와
행동거지가 달라진다.

「약속의 땅」 p.76~77

• 브래디 미카코 『꽃을 위한 미래는 없다』 김영현 옮김 · 다다서재 2024

그렇지만 살아가는 의미가 없어도 살아 있으니까 인간이란
대단한 것 아닐까. 마지막에는 각자가 자업자득의 십자가를
등에 지고 무참히 죽을 뿐인 인생. 그 결말을 알면서도, 그날이
하루하루 다가오는 것을 알면서도, 그럼에도 술을 마시거나
앨비스에 맞춰 허리를 흔들며 살아가기에 인간의 삶에는
의미가 있다. 그런 의미라면 나도 아직 믿을 수 있을 것 같다.

「기독교도 야쿠자와 나」 p. 211~212

• 신효원 『어른의 어휘 공부』 책장속북스 2022

서로의 이야기에 공감할 수 있고 이야기를 주고받는 것이 즐거운 사람들과의 만남은 언제나 만족스럽다. 이들과 헤어지고 돌아오는 길은 공허하거나 쓸쓸하지 않다. 마음이 흐뭇해서 만족한 느낌이 들 때 쓸 수 있는 단어가 있다. '해낙낙하다'이다. 이 단어는 따라 읽기만 해도 넉넉한 느낌이 들어 입가에 미소가 절로 지어질 것만 같다. '마음 맞는 사람들과 함께 시간을 보내고 돌아오는 길은 늘 해낙낙하다'로 바꿔 쓸 수 있겠다.

「만족스럽다」 p.76

- 김정선 『동사의 맛』 유유 2015

시치는 일은 시침질, 공그르는 일은 공그르기, 감치는 일은 감침질, 깁는 일은 기움질, 누비는 일은 누비질이라고 한다. 바늘과 실이 지난 자리엔 바늘땀과 함께 이렇듯 낱말도 남는다. 하물며 사람이 지난 자리야. 시친 듯 지난 사람이 있는가 하면 감친 듯 지난 사람도 있고, 공그른 듯 지나는가 하면 기운 듯 지나기도 하며, 때로는 온통 누비고 다니는 사람도 있으리라.

「감치다 깁다」 p.36

• 원도 『아무튼, 언니』 제철소 2020

태어날 때부터 납작한 가자미였던 나는 아직도 가자미다. 하지만 그냥 가자미가 아니다. 지금 여기보다 넓은 바다가 있다는 걸 알게 된 뒤로 마음껏 바닷속을 누빌 수 있는 존재가 되었다. 눈이 한쪽으로 쏠려도 고개를 바삐 돌려가며 여러 방향을 보면 그만이다. 이제 나는 혼자가 아니다. 언니들이 옆에 있다. 다정히 내 이름을 불러줄 그들이 있다. 언니와 함께 달빛이 맞닿은 해변에서 마음껏 수영하고 싶다. 내가 접영을 하든 개헤엄을 치든 아무도 신경 쓰지 않는 곳에서. 달빛이 반사된 물비늘이 우리의 웃음을 환하게 밝혀줄 것이다.

「다시 만난 세계」 p.15

8

마음을 움직이는
글을 쓰기
위해서는

독자를 상상합니다. 정말 그뿐인 것 같아요.

제가 생각하는 저의 독자는 이런 사람들입니다. 오늘 하루를 잘 보내고 집으로 돌아와 내일 다시 문밖으로 나서는 사람들. 누구보다 평범하고 성실한 사람들이죠.

그 이면을 조금 더 상상해볼까요. 오늘 하루도 지루한 일상을 충실히 지켜내고, 울고 난 얼굴로 내일 다시 집을 나서는 사람들. 그럼에도 잘 살아보려고 노력하는 사람들. 이런 사람들이 제가 상상하는 저의 독자들입니다. 사람을 오래 살펴보세요. 일상을 오래 지켜보세요. 삶을 오래 들여다보세요. 평범한 인생을 살아가는 우리는 별로 특별할 것 없는, 가장 평범한 주인공입니다.

이런 독자들이 읽어줄 제 글은 어렵지 않았으면 좋겠습니다. '한 사람이 살아온 이야기'를 어떻게 진술하고 이해하기 쉽게 전달할 것인가. 고유한 내 이야기가 녹아 있으면서도 독자들을 위한 보편적인 글을 쓰고 싶어요. 제 글은 언제까지나 쉽고 보편적이어서, 그러나 아름다워서 사람들 가까이에 이야기처럼 머물렀으면 좋겠어요. 힘내라는 격려가 반드시 긍정적이고 힘찬 것만은 아니니까. 오히려 담담하고 슬픈 이야기에서도 사람들은 따뜻한 위로를 느껴요. 쉽게 읽히다가 문득 뭉클해지는 글이라서, 누군가에게 살아갈 힘을 준다면 좋겠습니다.

하나. 기본을 지켜 쓸 것

어려운 이야기를 어렵게 쓰는 건 쉽습니다. 하지만 어려운 이야기를 쉽게 쓰는 건 어렵지요. 대문호 헤밍웨이도 글은 쉽게 쓰기가 더 어렵다고 했으니까요. 아마 헤밍웨이뿐만 아니라 모든 작가가 동의할 거예요. 모래알 같은 인생에서 아무도 발견하지 못한 작고 귀한 이야기를 찾아내 전달하는 방법을 늘 궁리하겠지요. 이럴 땐 내 글을 전해주고 싶은 독자를 생각하면 명확해집니다. 내가 전하고픈 메시지를 어떻게든 잘 전달하려고 애쓰다보면 글의 구성도 문장도 자연스럽게 가다듬어지니까요.

방송작가 시절, 저는 휴먼다큐 내레이션을 쓰면서 글을 쉽게 쓰는 법을 연습했습니다. 휴먼다큐와 에세이는 사람과 삶을 다룬다는 점에서 닮은 점이 많습니다. 당시에 선배들에게 늘 듣던 이야기. "이해하기 쉽게 써라. 채널을 돌리다가 중간에 방송을 보거나, 설거지하면서도 귀로만 들어도 내용을 이해할 수 있도록 쓰라"고요. 너무나 어려운 글쓰기입니다. 한 사람이 살아온 이야기를 어떻게 쉽게 전달할 수 있을까요?

먼저 독자를 생각해야 합니다. 제가 생각하는 휴먼다큐 시청자들과 에세이 독자들은 닮았습니다. 평범한 사람들, 하루하루 자기 삶과 생계 현장에서 충실히 일하고 다시 내일 아침 출근하는 사람들. 그런 독자들에게 전달되는 글을 쓰려면 일단 글감과 구성과 문장이 쉬워

야겠죠. 어려운 어휘는 되도록 풀어 쓰고, '주어 목적어 서술어' 순으로 문장 기본 어순을 지켜 씁니다. 미사여구는 되도록 덜어내 소박하게 쓰려고 노력해요.

마지막으로 다 쓴 글은 여러 번 소리 내어 읽어봅니다. 지나치게 평이하거나 유난히 고심하게 되는 표현은 '다르게 쓰기'를 적용하여 조금씩 바꿔봅니다. 작가의 말맛이 살아있도록 소리 내어 읽으면서 자연스럽게 고쳐봐요. 소리 내어 읽다 보면 기본을 지켜 쓴 문어체 문장이 구어체로 바뀔 때도 있습니다. 맞춤법을 완벽하게 지킬 것인가, 자연스러운 말투를 살릴 것인가. 저는 작가의 입말로 자연스럽게 낭독되는 문장으로 살려 쓰기를 추천합니다. 작가의 문체로 말하듯이 쓴다는 건, 입말로 소리 내어 읽어도 자연스럽게 이해할 수 있는 글로 고쳐 쓴다는 말입니다. 물론 이때도 지나친 미문 욕심을 부려선 안 됩니다. 미사여구는 덜어내고 맞춤법을 고려하면서도 작가의 말투를 살릴 수 있는 최선의 적정선을 찾아야 합니다. 이게 바로 작가의 문체가 되겠죠.

둘. 작가가 먼저 울지 않을 것

글에서 감정을 어떻게 조율할 것인가. 독자는 이야기의 앞뒤 맥락을 하나도 알지 못하는데, 작가가 먼저 울어버려선 안됩니다. 초고는 감정적으로 써도 되지만 완성고는 그 감정에서 한 발짝 떨어져 있어야 해요. 언어로 감정을 전달하는 일은 어렵습니다. 예를 들어 '슬프다'는 감정에도 어떤 감도와 형태와 느낌으로 슬픈지 전부 다르지요. 작가가 처음부터 '슬프다. 너무 슬프다. 울었다. 엉엉 울었다'라고 쓴다면 독자는 어리둥절해집니다. 슬픔의 정도가 와닿지 않고, 작가가 왜 우는지 영문을 모르거든요. 독자는 무턱대고 작가의 감정선을 따라갈 수 없습니다.

그래서 저는 보여주는 글쓰기를 선호합니다. 예를 들어, 골목 구석에 홀로 웅크려 있는 사람의 등, 걸레로 바닥을 닦는 노인의 주름진 손, 커다란 책가방을 메고 뛰어가는 아이의 뒤통수, 한 사람 쪽으로 기울어진 우산 속 어깨나 창가를 응시하는 사람의 붉어진 목덜미처럼. 슬픔에도 다양한 상황과 감정의 층위가 있습니다. 어떤 모습을 떠올리기만 해도 마음이 뭉클해지는 장면들이 있어요.

내가 슬픔을 느꼈던 일을 글로 쓴다면 '슬프다'라는 형용사부터 먼저 쓰지 말고, 내가 보고 듣고 느꼈던 장면들을 글로 보여줘야 합니다. 마음은 언어로 전달되지 않지만, 장면은 저마다 겪었던 비슷한 순간을 떠올리게 합니다. 그런 식으로 담담히 보여주듯이 쓰다가, 가장 마지막에 나의 솔직한 감정을 언어로 표현해도 좋습니다. 울었다. 슬펐다. 단순한 표현이라도 충분합니다. 덧붙여 글의 말미에 작가의 사유나 의미들을 넣어주어도 좋습니다. 어떤 상황 어떤 장면이 있었는지 알게 된 독자는 글을 따라 읽다가 마지막에야 '아, 이 감정이 슬픔이었구나' 알아채고 공감하게 됩니다. 그리고 여운을 느끼게 될 거예요. 마음을 움직이는 글은 여운을 남깁니다.

한때 광화문 교보문고에 걸렸던 김경인 시인의 문장이 떠오릅니다. '올여름 할 일은 모르는 사람의 그늘을 읽는 일.' 한낮에도 그늘진 마음이 있고, 한여름에도 추운 마음이 존재할 겁니다. 모르는 사람의 그늘을 읽는 일. 작가란 그저 환하고 따뜻해 보이는 세상에서도 남들은 모르는 마음을 찾아내는 사람, 그 마음의 이름을 불러주는 사람입니다. 그러니 먼저 울어버리지 마세요. 좀더 담담하고 묵묵하게 세상을 응시하세요.

먼저 울어버리지 마세요.

좀 더

담담하고 묵묵하게

세상을 응시하세요.

• 남지은 외 『너의 아름다움이 온통 글이 될까봐』 문학동네 2017

아무 일도 일어나지 않았는데 '기분좋은 소식이 있다'는
문장이 떠올랐다. 미래의 일이 그립기도 하고 받은 적 없는
행복이 미리 만져지기도 하는 걸까. 어린이 병원에서 일할
때 한 아이와 자주 창밖을 내다보곤 했다. 비가 오지 않는
날도 장화를 신고 다니는 친구였다. 우린 창가에 앉아 기차가
오가는 걸 바라보거나 비행기가 지날 때를 기다렸다. 기다리면
기차와 비행기는 어김없이 지나갔고 아이는 기뻐했다.
당연하게 일어나는 일이라 여겼던 나도 기차가 달리면,
비행기가 날면 어느새 기쁨을 느끼게 됐다. 무엇이 사람을
기쁘게 할까. 지루한 기다림이 아니라 간절한 기다림이라야
할까. 그렇다면 시 쓰는 나의 기쁨은 어디만치 달아났을까.
당도하지 않은 일을 그리며 간절하게 쓰고, 기쁘고 싶다.
달그락거리는 장화를 신고 복도를 걷던 그 친구처럼.

남지은 산문 「그리운 미래」 p.76

• 고정순 『그림책이라는 산』 만만한책방 2024

"학생 때 도서관에서 아르바이트를 했어요. 사서의 역할을 기대했는데 아니었어요. 내가 맡은 일은 지하 서고에서 낡은 책을 골라내는 일이었거든요. 어느 노교수님이 책을 기증하셔서 도서관을 다시 정리해야만 했거든요. 지하 서고에서 한 달 넘도록 낡은 책을 골라냈어요. 기준은 그냥 낡아 보이는 책을 책장에서 빼내는 거예요. 그런데 신기했어요. 서고 문을 열면 책들이 고요하게 잠들어 있는 것 같았어요. 마치 사람처럼 긴 잠을 자는 느낌이 들었어요. 그러다 내가 툭, 건드리면 긴 잠에서 깨어나는 것 같았어요."

「위를 보는 사람」 p.148~149

- 비스와바 쉼보르스카 『충분하다』 최성은 옮김·문학과지성사 2016

"내가 생각하는 내 책의 독자는 남자건 여자건 간에 아무튼 인생에서 크게 성공한 상류층의 모습은 아니에요. 수영장과 분수대, 온갖 편의시설이 갖추어진 호화로운 저택에 앉아 내 시집을 읽는 독자의 모습은 왠지 상상이 가질 않아요. 아무리 애를 써도 그 모습이 구체적으로 떠오르지 않거든요. 반면에 내 머릿속에 선명하게 그려지는 독자의 이미지는 책을 사기 위해 서점에 갔지만, 일단 지갑에 돈이 얼마나 남았는지 다시금 확인해봐야 하는 그런 평범한 사람들이에요. 돈이 많이 없다는 것을 깨닫고는 망설이지만, 그래도 꼭 읽고 싶어 끝내 책을 사들고 집으로 돌아가는 사람들. 그런 사람들이 바로 내가 상상하는 내 책의 독자들입니다."

p.177

- 김현 『다정하기 싫어서 다정하게』 창비 2021

일렁이다는 물에 떠서 물결에 따라 이리저리 흔들리거나 움직이는 것을 뜻하는 동사. 마음은 동사,라고 어느 글에 쓴 적 있고. 덧붙이자면 일렁이다는 여름 동사의 일종. 겨울의 동사는 속삭이다. 봄의 동사는 어른거리다. 가을의 동사는 흘러가다. 어른거리고 일렁이고 흘러가 속삭이는 마음의 사계절. 동사를 활용해 마음의 사계절을 그려보세요. 그것이 바로 당신을 설명하는 일.

「간절하게」 p. 26

- 유희경 『세상 어딘가에 하나쯤』 달 2021

갑자기 쏟아지는 소나기 때문에 지하철역 입구를 가득 메운 인파 속 혹은 두어 뼘 될까 말까 한 처마 아래 당신에게 이 서점이 우산이 되어주면 좋겠다. 수많은 우산 중 하나. 내 것. 알아볼 수 있는 것. 버스에서 꾸벅꾸벅 졸 때에도 곁에 기대어놓는 아끼는 것. 팔에 걸고 가방에 걸고 달랑달랑 흔들려 귀찮아도 무사히 데려가고 기꺼이 꺼내드는 것.

「우산, 우리 모두의 것」 p.168

• 고수리 『선명한 사랑』 유유히 2023

차글차글 차그르르. 이모가 준 가재미를 꺼내 구울 때마다 뭉클 일렁였던 이모의 마음이 와닿아 차그르르 파도친다. 아이들 낳아 먹이고 돌보고 안아볼수록 파도치는 마음이 먹먹해진다. 뭉근히 잘 데워진 마음 한구석에 서글픈 한기가 스밀 때면 내가 자라온 시간을 돌아본다. 그럼 어김없이 나를 사랑해준 사람들이 해사하게 웃으며 울고 있다. 생의 저녁 무렵, 저문 세월을 아기처럼 등에 업고서, 나를 사랑하는 얼굴들이 자글자글 웃으며 울고 있다.

「너는 영영 예뻐라」 p.119~120

- 김달님 『우리는 비슷한 얼굴을 하고서』 수오서재 2022

할머니들이 있던 자리를 돌아보니 군데군데 해진 돗자리와 손때 탄 부채가 놓여 있었다. 다들 어느 집에 살고 계실까. 내일도 여기로 모이시려나. 왔을 때와 다르게 홀로 남아 있는 운동화에 발을 넣으며 정자에서 보낸 시간이 반듯하게 개어지는 기분을 느꼈다. 언젠가 다른 자리에 앉아서 차분하게 펼쳐볼 시간임을 알 수 있었다. 가벼운 신발을 신고 공원을 떠나는 길엔 어쩌면 나는 할머니들에게서 이런 이야기를 들은 것이 아닐까, 라는 생각이 들었다. 그러니까 말하자면 이런 이야기.

야야. 이야기가 어디서 오겠노.
살다 보면 여기서도 오고 저기서도 오고 그런 거제.

「이야기는 어디에서 오나요」 p.252~253

- 이지은 『내 인생도 편집이 되나요?』 달 2021

한 사람의 생각을 눈에 보이는 무언가로 만드는 일,
그렇게 만들기 위해 작가와 신뢰를 쌓는 일, 책 한 권이
탄생하기 위해서 여러 분야의 사람들과 머리를 맞대고 성을
쌓아가는 일은 생각보다 많이 뿌듯하고 기쁘다고. 그중 제일
좋은 건 세상에 없던 책이 탄생하면서 내 인생의 마디를
하나씩 채워넣는 일이라고.

「책이 밥 먹여주냐고요?」 p.35~36

• 안윤 『방어가 제철』 자음과모음 2022

이사 갈 집으로 떠나기 전, 당신은 꼭 짐을 뺀 방들을 둘러보곤 했다. 텅 빈 공간을 바라보고 있으면 당신이 그곳에서 자고 먹고 가끔은 숨죽여 울기도 했었다는 사실이 거짓말처럼 느껴졌다. 당신의 실재했던 시간을 증명해주는 것은 가구로 가려져 있던 벽지와 드러나 있던 벽지의 차이였다. 같은 벽지인데도 확연히 알 수 있었다. 장롱이 있던 자리, 서랍장이 있던 자리, 책장이 있던 자리. 햇빛과 손때가 닿지 않은 좀 더 밝고 선명한 부분. 당신은 벽 앞으로 가서 그 환한 부분의 가장자리를 손바닥으로 쓸어보곤 했다. 당신은 똑똑히 기억한다. 그것은 어떤 색상표에서도 찾을 수 없는 색이었다. 없는 것, 부재하는 것, 상실한 것. 그것들의 색.

에세이 「없는 것들이 있는 자리」 p.125~126

• 이옥남 『아흔일곱 번의 봄여름가을겨울』 양철북 2018

1988년 3월 18일

조용한 아침이고 보니 완전한 봄이구나.

산에는 얼룩 눈이 여기저기 쌓여 있는데 들과 냇가에는 버들강아지가 봉실봉실 피어 있고 동백꽃도 몽오리를 바름바름 내밀며 밝은 햇살을 먼저 받으려고 재촉하네.

동쪽 하늘에는 밝은 해가 솟아오르고 내 마음은 일하기만 바쁘구나.

봄이 오니 제일 먼저 투둑새*가 우는구나.

좀 더 늦어지며는 또 제비새끼가 저 공중으로 날아오겠지.

「봄」 p.15

*투둑새: 비둘기

9

글의
여운을 남기는
퇴고

첫 문장과 마지막 문장, 무엇이 더 중요할까요?

저는 단연코 마지막 문장이라고 힘주어 말합니다. 마음을 움직이는 글은 여운을 남긴다고 했지요. 우리가 독자에게 주어야 하는 건 여운, 오직 여운입니다. 독자의 마음을 움직인 글은 오랫동안 독자에게 남습니다.

초보 작가들이 가장 어려워하고 실수하는 부분도 바로 마지막 부분이에요. 에세이에서 최악의 마지막 문장은 독자를 가르치는 문장입니다. 교훈과 교정은 다릅니다. 작가의 말이 교훈을 줄 수는 있으나, 잘못을 바로잡는 투의 교정을 해서는 안 됩니다. 자기주장이나 자랑으로 끝나는 글 역시 피해야 할 겁니다. 이런 글들은 자기애에 취한 글, 오만하고 편협한 글로 다가올 가능성이 큽니다. 독자를 배려하지 않은 독단적인 글이 되겠지요.

물론 정보나 지식을 전달하는 에세이의 경우, 내가 깨달은 바를 적극적으로 전하며 마무리 지을 수도 있어요. 그러나 사적인 인생의 이야기가 주로 글감이 되는 에세이는 앞서 이야기했듯 독자에게 말을 걸어옵니다. "있잖아. 나 예전에 이런 일을 겪었어. 당시엔 몰랐는데 돌아보니 정말 잊지 못할 순간이었어. 이러이러한 걸 느꼈거든. 이상하지, 그날 이후로 나는 조금 다른 내가 되었어." 이 정도의 감도로, 내 이야기를 들려주면 됩니다. 그러면 독자는 작가의 이야기를 읽으며 '나라면 어땠을까' '나도 그랬었는데' 등등 간접 경험과 공감을 하며 자신의 이야기를 생각합니다. 여기서 직접 사유할 가능성이 생겨나는 거지요. 독자에게 생각해볼 여지를 주는 것. 그게 바로 글의 여운입니다.

완벽한 마지막 문장도 만족스러운 결미도 처음부터 쓸 수는 없습니다. 서두, 본문, 결미로 글의 구성을 나눠본다면, 작가의 메시지와 여운을 전하는 결미 쓰기에 가장 오랜 시간과 품이 듭니다. 여운이 남는 글을 위해서는, 퇴고에서 최대한 덜어냅니다. 독자가 내 이야기를 이해할까, 내 감정의 정도를 알아차릴까, 내가 전하려는 메시지를 잘 전달받을까. 생각이 많아지면 설명과 꾸밈이 길어지곤 하지요. 특히 감정적으로 호소하려는 조바심이 커집니다. 그럴 땐 과감하게 덜어내도 좋을 것들은 모두 덜어내세요. 힘주어 전하고 싶은 문장은 단 하나여도 충분합니다. 글의 내용도, 마음의 부담도 덜어내야 합니다. 그래도 됩니다.

이야기를 전하는 나조차도 내 감정과 생각이 뭔지 모르겠다 싶을 땐, 솔직하게 '나도 모르겠다'라고 써도 괜찮습니다. 영화 엔딩처럼, 어떤 장면을 보여주면서 글을 마쳐도 좋습니다. 마지막 장면을 보고 저마다 다른 여운을 느끼고 다른 해석을 할 수 있는 열린 결말처럼, 때로는 담담하고 담백하게 툭 그 장면을 놓아두고 글을 마무리해도 좋습니다. 독자들은 저마다의 방식으로 이야기를 해석하고 받아들일 테니까요.

퇴고할 때 여러 번 소리 내어 읽기를 추천해요. 독자에게 낭독해주듯 소리 내어 읽어보는 거죠. 전체적인 글의 리듬감과 톤은 중요합니다. 에세이는 작가의 생각대로 개성대로 자유롭게 쓸 수 있는 글이에요. 노래처럼 자연스러우며 아름답거나 개성 넘치거나, 인간적이어야 하지요. 소리 내어 읽는데 자꾸 걸리는 부분이나 꼬이는 부분이 있다면, 그 부분은 다르게 고쳐야 합니다. 소리 내어 읽는데 글이 뚝 끊겨버린 기분이 든다면 그 부분은 더 추가하고 다듬어야 해요.

퇴고야말로 글의 완성을 좌우합니다. 퇴고는 글의 품격과 작가의 태도를 반영합니다. 글쓰기의 중요도를 비율로 따지자면 초고:퇴고 = 3:7 이랄까요. 모든 기고문이나 책의 원고도 수십 번의 퇴고와 교정을 거칩니다. 그리하여 책이 나오는 것이지요.

내가 닮고 싶은 작가의 좋은 책이 있다면, 지금 바로 책장에서 꺼내서 수록된 모든 글을 꼼꼼하게 분석해보세요. 글의 구성, 첫 문장과 마지막 문장, 작가가 강조한 장면, 좋았던 문장들. 그 문장들의 어순과 어휘까지도. 왜 특정 글에 내 마음이 움직였는지, 이 글은 어떤 독자들에게 어떤 의미로 다가갈지 그 이유를 생각해보세요. 그리고 마지막에 반드시 그 글을 소리 내어 읽어보세요. 흔히 글쓰기에서 작동되는 구성법과 맞춤법에도 불구하고, 작가가 왜 이런 구성을 선택했는지, 왜 여기서 쉬어가고 덜어냈는지, 왜 이런 문장과 표현을 사용했는지 알게 될 거예요. 좋은 글을 많이 읽는 것이야말로 내 글을 잘 쓰게 되는 방법이랍니다.

세상에 처음부터 좋은 글은 없습니다. 따지고 보면 완벽한 글도 없습니다. 하지만 최선을 다한 글은 존재합니다. 몇 번이고 쓰고 고쳐서 가다듬은 최선을 다한 글. 메시지가 담겨 있으면서도 독자의 마음을 움직이는 글. 독자가 읽을 때야 글은 완성됩니다.

모든 글은 고치면 고칠수록 좋아집니다. 모든 글은 최선을 다할수록 나아집니다. 그러니 너무 어려워 말고 쓰세요. 나의 이야기를!

힘주어 전하고 싶은 문장은

단 하나여도 충분합니다.

글의 내용도, 마음의 부담도

덜어내야 합니다.

세상에 처음부터

좋은 글은 없습니다.

따지고 보면

완벽한 글도 없습니다.

하지만

최선을 다한 글은

존재합니다.

- 오은 『초록을 입고』 난다 2024

삶을 이끄는 것은 동사임이 틀림없지만, 삶의 곳곳에서 생기를 불어넣어주는 것은 부사 같다. "나는 네가 좋아"보다 "나는 네가 정말 좋아"라는 말이 더욱 강력한 것처럼 말이다. 단어는 뜻이 정해져 있고, 정해진 바대로 묵묵히 자신의 소용을 다한다. '난데없이'는 예상하지 못한 상황을 데려오고 '어칠비칠'은 쓰러질 듯 비틀거리며 앞으로 나아간다. '가지런히'는 쓰는 순간 나란해지고 '반드시'는 발음하면서 결심이 더욱 단단해진다.

「부사의 운명」 p.27

- 대니 샤피로 『계속 쓰기: 나의 단어로』 한유주 옮김·마티 2022

우리가 쓰는 모든 것에는 결함이 있을 것이다. 우리는 책을 한 권 혹은 그 이상 썼을지도 모르지만 우리 모두는 무엇보다도 지금 쓰는 책을 어떻게 쓰는지만 알 뿐이다. 모든 소설은 실패한다. 완벽 그 자체도 실패일 수 있다. 더 낫게 실패할 것, 그것이 우리가 바라는 전부다.

「불확실함」 p.305

• 최진영 『어떤 비밀』 난다 2024

독자는 내가 소설에 쓰지 않은 부분을 채워가며 읽는다. 그러니까 덜 쓰기. 덜어내고 덜어내기. 앙상해질 정도로 지우기. 당신이 나에게 "여기 이 문장이 왜 필요한가요?" 묻는다면 나는 대답할 수 있다. 그러나 "지금 이 이야기가 왜 필요한가요?" 묻는다면 대답할 수 없다. 나는 나에게 필요한 이야기를 쓴다. 그것이 당신에게도 필요한지는 모르겠다. 나는 삶, 죽음, 애도, 상실, 운명, 사랑과 고통을 소설에 담는다. 우리가 비슷한 고민을 하는 사람이라면 좋겠다.

「그러므로 장래 희망은 계속 쓰는 사람」 p. 287~288

- 전소영 『그리는 마음』 달그림 2023

그리는 데도 온갖 시행착오가 따른다.

삐뚤어지는 선을 곧게 그리기까지 여러 해가 걸렸다.

똑같은 정물을 수천 장 넘게 그렸다.

하지만 그릴 때마다 똑같은 적은 한 번도 없었다.

결과가 어떻든 그 과정이 나를 숨 쉬게 한다.

「계속 그리는 수밖에」 p.70

• 성동혁 『뉘앙스』 수오서재 2021

문학을 삶의 전부처럼 대하는 사람보다, 일부로 여기는 사람에게 마음이 더 기운다. 그저 삶을 꾸리는 데 문학이 조금이라도 건강히 기여할 수 있다면 그것은 얼마나 큰 축복일까. 그러니 아직 해결되지 않은 문장과, 떠나지 않은 풍경에 대해 생각하는 것을 괴로움으로만 두지 않길 소망한다. 더 적확하고 풍성한 글을 쓰기 위한 과정으로 여기고 싶다. 삶이 나아가고 있다고 믿고 싶다.

「WATERMAN EXPERT」 p.32

- 안규철 『사물의 뒷모습』 현대문학 2021

연필과 지우개에 의해 주조되는 기록들은 세계에 흔적을 남기고 타인의 삶에 영향을 미친다. 그것들 사이에서 맴돌던 생각과 계획들은 더 이상 지우개로 지울 수 없는 현실이 된다. 그것이 누군가의 인생을 결정하기도 하고, 진실을 가리는 기만과 폭력의 도구가 되기도 하고, 나 자신을 겨누는 칼날이 되기도 한다. 내가 쓴 하나의 문장, 내가 종이 위에 무심히 그은 줄 하나가 언제든 나를 구속하고 파괴할 수 있다.

「연필과 지우개」 p.182

- 신유진 『사랑을 연습한 시간』 오후의소묘 2024

마지막 문장을 쓴 지금, 나의 틀림과 실수와 오해를 꺼내놓는
일이 부끄럽지는 않다. 이 모든 것이 사랑을 연습한
시간이라는 것을 알고 있으니까. 연습이라는 말이 좋다.
내가 사랑을 어떻게 완성하겠는가. 그냥 연습하는 시간을
살고 싶을 뿐이다. 틀린 걸 고쳐나가며, 실수를 줄이며 조금씩
나아지면서.

에필로그 「사랑을 연습할 시간」 p.221

- 미야모토 테루 『생의 실루엣』 이지수 옮김·봄날의책 2021

지어낸 이야기이기는 해도 거기에 나오는 인물만은 어떤 원형이 있다고 생각한다. (…) 그런 무수한 원형이 입은 옷, 직업, 나이 등을 뛰어넘어 내 안에서 다른 인간으로 변해가는 것이다.
그것은 나에게만 국한되는 것이 아니라 대부분의 작가가 그러한 정신적 작업을 할 터다.
그러므로 얼마나 많은 인간을 보아왔는지가 한 작가가 가진 '서랍'의 수가 되겠지만, '보는' 것은 시각으로 하는 작업이 아니다. 눈 말고 어디로 그 인물을 보았나, 인 것이다.

「소설의 등장인물들」 p.56~57

• 강민선 『하는 사람의 관점』 임시제본소 2022

그리고 그것만큼이나 절대로 잊지 말아야 할 것이 있습니다.
아무도 없는 벽 앞에서 폭발하듯 글로 써버리기 전에 사람과
사람으로 대면해서 진심을 전하는 게 먼저라는 것을요.
진짜 용기란 그런 거라고요. 사람과 사람으로 만나는 것.
마주하는 것. 눈을 보고, 하고 싶은 말을 하는 것. 글로 써서
세상에 알리는 건 그다음입니다.

「뒷담화와 글쓰기」 p.98

• 김초엽 『책과 우연들』 열림원 2022

첫 논픽션 작업이 나에게 알려준 읽고 쓰는 기쁨은 작가 생활을 하며 만나는 여러 좋은 것 중에서도 몇 안 되는, 빛나는 무언가일 것 같다. 나는 모르는 것을 쓰는 일을 예전보다 덜 두려워하게 되었다. 나 자신에 관해 솔직하게 쓰는 일에 조금은 더 익숙해졌다. 그리고 나의 글이 언제나 나의 것인 동시에 공동으로 쓰이는 글이기도 하다는 것을 알았다. 소설만 썼다면 아마도 알지 못했을 것들이다.

「얼렁뚱땅 논픽션 쓰기」 p.114

10

글쓰기가
어려운 이유는
뭘까요

잘 쓰고 싶기 때문입니다.

정말 잘 쓰고 싶은 간절한 마음 때문에 글쓰기는 어렵습니다. 잘 쓰려는 마음을 조금 내려두세요. 무리하게 비장하지 말고 '일단 써보지 뭐' 정도의 가뿐한 마음가짐이면 충분합니다.

에세이는 작가 자신이 고스란히 드러나는 글입니다. 자신의 이야기를 쓰는 글이라서, 작가의 시선과 사유, 문체, 품위, 진실성까지도 정말이지 투명하게 보이죠. 그래서일까요. 특히 에세이라는 장르는 작가의 글만큼이나 작가 본연의 매력이 중요합니다. 사적이고 인간적인 글일수록 매력이 드러나고 독자들의 마음이 움직이지요. 그러니 결점을 숨기려는 자기검열과 완벽해지려는 강박을 버려보세요.

한때는 저도 간절함을 동력 삼아 쓰는 사람이었습니다. 절실하고 비장한 마음으로 스스로를 몰아붙이며 글을 썼습니다. 유명한 작가가 되고 싶었거든요. 내 글에 몰두해서 대단한 책을 만들어서 모두에게 인정받고 싶었습니다. 그때 제게는 우울과 슬픔이 글 쓰는 영감이자 원동력이었습니다. 요동치는 극단의 감정으로 롤러코스터 타는 제가 오히려 좋았습니다. 진짜 작가는, 예술가는 이렇게 치열하고 뜨거워야 하지 않을까 싶었지요. 하지만 그렇게 글을 쓰다 보니 금방 지쳐버렸어요. 제 몸과 마음과 일상이 모두 엉망이 되어버리더군요. 그때 깨달았습니다. 이렇게 해서는 절대로 오래 쓸 수 없겠구나. 글은 삶에서 나옵니다. 좋은 글을 쓰고 싶다면, 좋은 삶을 살아야 해요. 자기를 파괴하며 쓰는 글은 지속하기 어려워요.

  글은 많이 써보고 많이 고쳐볼수록 좋아집니다. 많이 실수해보고 많이 반성해볼수록 나아지는 인생과 꼭 닮았지요. 완벽하지 않은 자신도 좋아해주세요. 완벽하지 않은 나의 글쓰기도 좋아해주세요. 잘하려는 마음보다 좋아하는 마음이 우선입니다.

  잠깐 반짝 빛났다가 사라지는 작가가 되고 싶진 않았습니다. 저는 글 쓰는 할머니가 되고 싶거든요. 이후로는 몸과 마음을 먼저 건강하게 만들려고 노력합니다. 건강한 상태에서 쓰기. 무리하지 않는 선에서 쓰기. 잘 쓰든 못 쓰든 그냥 쓰기. A4 반 페이지 분량이라도 매일 쓰는 사람이 되기. 자기를 돌보며 써야 합니다. 꾸준히 쓰는 힘은 리추얼이나 루틴에 더 가까이 있다는 확신이 들어요. 몸과 마음의 근력을 만들듯이 글쓰기 글력을 만들어보세요. 매일 내가 할 수 있는 만큼만.

  정말로 글이 안 써질 때는 과감히 글쓰기를 미루세요. 그럴 때 저는 솔직한 제 마음을 따르는 편이에요. 글이 안 써지거나 슬럼프에 빠졌을 땐, 그냥 아무것도 쓰지 않아요. 책상에서 벗어나 글쓰기 아닌 다른 일을 하면서 일상을 보냅니다. 이 또한 자연스러운 내 마음이라고 받아들이면서요. 그럼 다시 쓰고 싶어질 때가 찾아옵니다.

  그러나 직업인으로서 작가인 경우, 대체로 빡빡한 마감 일정을 지켜야만 하죠. 마감이 있기에 어떻게든 글은 씁니다. 하지만 그렇게 마감한 경우, 제 글이 부족하고 마음에 들지 않아 무척 속상할 때도 있습니다. 그래도 자책하지 않으려고 노력합니다. 모든 글이 완벽할 수도, 흡족할 수도 없잖아요. 성실하게 마감을 지키는 태도만으로도 충분히 좋은 경험이었다고 스스로를 다독입니다. 완벽하려는 강박보다는 마감을 지키는 성실함이 작가를 성장시킵니다.

저는 글쓰기를 시작하는 여러분이 부럽습니다. 진심으로요. 처음 글 쓰는 여러분이 갓 꺼낸 팔딱이는 이야기는 훌륭한 문장 기술은 부족할지 몰라도 순전한 초심과 뜨거운 생명력이 넘치거든요. 그 누구도 따라 쓸 수 없는 이야기를 여러분은 하나둘 꺼내 쓰고 있어요. 특별해요. 아름다워요. 압도적입니다.

여러분이 그런 이야기를 하나둘 꺼내 쓰다 보면, 믿을 수 없겠지만 인생에서 사무치던 가장 뜨거운 이야기도 홀가분히 정리하는 날이 올 거예요. 그럼, 그 다음에는요? 다시 시작입니다. 두렵고 막막해집니다. 내가 쓸 이야기는 다 쓴 것 같은데 어떤 글을 써야 할까. 더 잘 쓰고 싶은데 어떻게 써야 할까. 나는 작가도 아닌데 계속 글을 써도 될까. 한 글자도 쓰지 못하는 하루가 여러분에게 찾아올 겁니다. 그때 미래의 여러분에게 드리고 싶은 말.

"깊이 말고 목소리를 찾으세요."

타인의 잣대와 평가에 기준을 두지 말고 내 안에 중심을 굳세게 붙잡아요. 과제나 수상, 인정만을 목적으로 두지 말고 얼마쯤은 그저 자기 자신을 위해 자유롭게 쓰는 마음을 두었으면 좋겠습니다. 내 안에 규정할 수 없는 다채로운 목소리들을 들어보고 진정 내가 붙잡고 싶은 목소리를 꽉 붙잡기를 바라요. 그렇게 계속 쓰면 됩니다.

우리는 '아름답고 훌륭하게' 잘 쓰는 게 아니라 '유감없이 충분하게' 잘 쓸 수 있어요. 기능 말고 마음으로. 타인의 평가 말고 나만의 중심을 지키며 잘 쓸 수 있습니다. 저는 여러분이 계속 자신의 인생을 쓰면서 살았으면 좋겠어요. 인생을 돌아보고 쓸 이야기를 찾고 책을 읽고 글을 쓰고 고쳐보고, 다시 또다시 무언가 써보려는 여러분은 이미 이전과는 다른 사람이 되었을 테니까요. 그 변화는 나만이 알 수 있습니다.

우리는 자기 인생을 쓰는 작가이자 자기 자신의 첫 번째 독자입니다. 나라는 사람을, 나의 글쓰기를 부디 좋아해주세요. 좋아하면 지치지 않습니다. 저는 여러분이 '유감없이 충분하게' 잘 쓰는 작가가 되었으면 좋겠습니다. 우리는 인생이라는 성공담이 아닌 성장담을 집필 중이니까요.

완벽하지 않은 자신도

좋아해주세요.

완벽하지 않은 나의 글쓰기도

좋아해주세요.

잘하려는 마음보다

좋아하는 마음이

우선입니다.

- 고수리 『우리는 달빛에도 걸을 수 있다』 수오서재 2021

절망과 아픔과 미움에 관해서 나는 아주 짙고 깊은 어둠까지도 이야기할 수 있다. 그러나 나는 그 틈새의 삶, 이를테면 어두운 틈으로 새어든 한 줄기 빛과 같은 순간을 놓치지 않고 이야기하고 싶다. 모든 이야기가 절망에서 끝나버리지 않도록, 잠시나마 손바닥에 머무는 조금의 온기 같은 이야기를, 울더라도 씩씩하게 쓰고 싶다.

「긴긴 미움이 다다른 마음」 p.256

- 고명재 『너무 보고플 땐 눈이 온다』 난다 2023

그렇게 천천히 '나'라는 사람이 그리 대단하지 않다는 걸 받아들이게 되었을 때 그 대신 내가 사랑할 수 있는 '남'이 참 많다는 걸 알 수 있었다. 나는 별게 아니다, 나의 시도 별게 아니다, 하지만 나도 용감하게 사랑할 수가 있다. 세상에는 정말이지 아름다운 시와 소설이 많았고 또한 아름답게 살기 위해 노력하는 사람들이 가득했다. 그런 그들을 응원하고 좋아하고 사랑하다보니 시 쓰는 일도 더욱 행복해졌다. 매일 밑줄을 긋고 어떤 책에는 입술을 대었고 어떤 책에는 이마를 기대며 끝나지 말라고 말했다.

「검은 닭」 p.32

- 존 버거, 이브 버거

  『어떤 그림 : 존 버거와 이브 버거의 편지』 신해경 옮김·열화당 2021

이십 년 넘게 그림을 그려 온 지금, 제가 직면하고 있는 어려움은 이전과는 달라요. 이제는 하나의 구성이나 이미지로 작용하는, 통일성 있는 그림에 도달하는 문제가 아니에요. 꽤 애를 먹긴 했지만, 거기에 도달하는 법은 알아낸 것 같아요. 지금 문제는 그게 아니라 간직할 가치가 있는 그림은 어떤 그림인가 하는 문제예요. 제 그림 대부분이 굳이 남에게 보이는 채로 있어야 할 가치가 없다는 사실을 받아들여야 하지요. 그래서 저는 계속 작업을 해요. 다시 또 다시, 한 장 또 한 장. 일종의 끝없는 복구 과정이에요. 하지만 늘 이번에는 좋은 그림이 나올 거라는 희망에 이끌리지요.

p.81

• 김지연 『등을 쓰다듬는 사람』 1984Books 2024

나는 매일 죽고 매일 다시 태어난다. 매일 비워지고 매일 다시 채워진다. 그렇게 충만한 상태로, 어둠을 통과하고 새벽을 거치며 기다린 청량한 겨울 아침에 문득 생각나는 글을 쓰고 싶다. 아니, 그런 사람이 되고 싶다.

「시간을 통과하는 사람」 p.159

- 김연덕 『액체 상태의 사랑』 민음사 2022

계속 잘 쓰지는 못하더라도 계속 쓰는 사람이 되고자 한다. 계속해 시도하고, 실패에 덤덤해지고, 두려움 없이 내 문장들을 지울 줄 아는, 지우면서 더 많은 것을 써 나가는 사람이고 싶다. 기다리면서 계속 해 보자. 백지 앞에 기쁘고 힘 나는 마음이 들지 않더라도, 좋아하는 마음이 생기지 않더라도 계속하는 마음만은 포기하지 말자. 그냥 하자. 늘 그래 왔던 것처럼.

「2021년 4월 6일부터 2021년 9월 28일 사이의 짧은 일기들」 p.170

• 페르난두 페소아 『불안의 서』 배수아 옮김·봄날의책 2014

삶의 아름다움을 말 속에 포착하기란 어려운 일이다.
게다가 아름다운 나날은 항상 거기 있는 것이 아니라 어느새
사라져버리고 만다. 그러므로 우리는 아름다운 나날을
풍요로운 어휘와 찬란한 기억 속에 저장해두었다가, 어느
날엔가 텅 비고 허무한 바깥세상의 공허한 들판과 하늘에
화사한 꽃과 별들을, 아름다운 날에 그랬던 것처럼 뿌려주어야
하는 것이다.

p.64

- 정문정 『다정하지만 만만하지 않습니다』 문학동네 2024

현실적으로는 인생에서 과정보다 결과가 중요한 경우가 많지만 최소한 말과 글에서는 결과(결론)보다 과정이 훨씬 중요합니다. 스토리 자체보다 '스토리텔링(storytelling)' 기법이 중요해요. 이야기를 어떻게 풀어내느냐에 따라 흥미로운 소재가 지루해지기도 하고 그 반대의 경우도 가능하니까요. 결과보다 과정이 더 중요한 영역이 분명히 있다는 사실을 아는 사람은 헤맬지언정 후회하지 않습니다. 그 힘으로 자기의 속도와 온도를 지키며 갑니다. 글과 말을 연마하면 과정을 믿을 수밖에 없고, 자기의 과정을 믿을 수 있으면 세상의 평가에 덜 휘둘릴 수 있습니다.

「세상의 평가에 덜 휘둘리는 법」 p.61~62

- 이미화 『엔딩까지 천천히』 오후의소묘 2024

내 직업에는 어떤 표현이 어울릴지 고민해 보았습니다.
작가라는 이 일에는 수수하지만 어떤 매력이 있는지,
'수수하지만' 뒤에 올 형용사를 떠올려보았습니다. 수수하지만
지혜로워! 어리석은 문장을 쓸 때도 많으니 탈락. 수수하지만
정직해! 작가란 기본적으로 거짓말쟁이이니 이것도 탈락.
수수하지만 돈 많이 벌어! 내겐 불가능한 문장이니 탈락.
형용사 사전을 펴놓고 한참을 고르다가 한 단어 앞에
멈추었습니다.

꾸준하다.

아, 작가라는 직업은 수수하지만 꾸준한 일이구나. 생각하니
이 일이 더 좋아졌습니다.

「나의 일에 붙일 형용사는」 p.161

- 김민철 외 『마감 일기』 놀 2020

더 고민해보고 싶고, 더 써보고 싶고, 끝까지 붙들고 해보고 싶지만, 그리고 그러다 보면 정말 대단한 아이디어가 나올 것 같은 착각도 들지만, 지금까지 최선의 지점에 멈춰서는 것. 다음 사람을 믿고, 지금까지의 최선의 공을 던지는 것. 그것이 마감의 규칙이다.

김민철 「마감 근육」 p.19

- 하재영 『친애하는 나의 집에게』 라이프앤페이지 2020

쓰는 사람은 작가라고 불리는 특정한 누군가가 아니다. 나의 서사를 나의 목소리로 말하는 사람, 나에 대해 말할 수 있는 이는 나뿐이라는 것을 알고 있는 사람이다. 쓰기는 삶의 특정한 순간을 다시 한 번 살아내기이다. 추억이라는 이름으로 과거를 뭉뚱그리지 않기. 외면하고 싶었던 고통, 분노, 슬픔, 상실, 결핍을 다시 한 번 겪어내기. 그것은 나 자신의 이방인이 되는 일이다.

「서재의 주인-나의 자리, 엄마의 자리」 p.134

¶ 에필로그

이제
글을 쓰면
됩니다

저는 늘 글을 쓰고 싶었습니다.

장래 희망은 글 쓰는 사람. 글쓰기는 꼭 해보고 싶은 일이자 희망, 열망이자 꿈이었습니다. 하지만 사람들에게 솔직하게 말하지 못했어요. '백일장 키즈'로 자라며 글쓰기는 평가받는 과제가 되었고, 긴장되고 부담되니까 어렵고 두려워졌거든요. 글쓰기는 눈에 보이지 않고 손에 잡히지 않는 대단한 예술이나 업적, 타고난 재능의 영역으로 느껴졌습니다. 선망하는 마음으로 책을 읽으며 생각했어요. 이렇게 좋은 작가들이 많은데 굳이 나까지 글을 쓰려는 걸까.

좋아하는 마음만으로는 부족하다고 생각했어요. 진로를 선택할 때마다 글쓰기는 전공과 직업으로 치환돼 나에게 가치와 이익을 안겨줄 좋은 전망이어야 했습니다. 좋아하는 마음과 좋은 전망. 안팎으로 가능성을 점쳐보다가 모든 가능성을 포기해버렸어요. 아무래도 제가 글을 써야 할 충분한 이유는 없었거든요.

장래를 걱정하는 주위의 반대와 애매한 재능과 취약한 마음가짐으로 저는 장래 희망을 바꿔갔습니다. 번번이 떨어지는 공모전 대신 수능 공부에 전념했고, 취업이 어렵다는 문예창작과에 지원하지 못했습니다. 장래 희망란에 고정적인 수입이 없는 '작가' 대신 교사와 기자, PD와 같은 '작가'를 비켜간 직업을 적었습니다. 내 글이 부끄러워 책상에 엎드려 몰래 글을 쓰는 사람처럼, 일과를 마친 밤에야 그저 좋아하는 마음만 꽉 끌어안고서 혼자 식탁에 앉아 글을 쓰는 '키친테이

블라이터'로 오래 지냈습니다.

그러던 어느 날, 대학 졸업을 앞두고 진로특강 과제로 멘토를 찾아가 인터뷰한 적이 있었습니다. 중년의 다큐멘터리 PD가 대화 말미에 제게 물었습니다. 학생은 꿈이 뭐냐고요. 그의 반짝이는 눈 때문이었을까요. 예상치 못한 이상한 대답이 나왔어요.

"저는 글을 쓰고 싶어요."

멘토로 다큐멘터리 PD를 찾고, 스펙을 쌓으며 대기업에 수십 통의 자기소개서를 내고 있던 저로서는 충동적인 대답이었습니다. 그런데 입 밖으로 말하고 나니 울컥하는 거 있죠. 이 한마디가 뭐라고 소리 내 말하기조차 어려웠을까. 저를 마주 본 PD가 활짝 웃었습니다. "멋지네요. 이제 글을 쓰면 됩니다." 처음 들어본 단순하고도 단단한 긍정이었습니다.

"글쓰기는 업(業)의 영역이라기보단 삶의 영역이라고 생각해요. 어떤 글을 쓰든 인간에 대한 이해가 있어야만 합니다. 인간을 이해하기 위해선 자기 이해가 우선이겠지요. 아이러니하게도 자기를 이해하려면 자기 삶을 써봐야 합니다. 계속 쓰세요. 공개적으로 쓰세요. 글쓰기로 무엇이 될 수 있을지, 무엇을 할 수 있을진 아무도 모르니까요. 계속 쓰면 뭔가는 달라질 겁니다."

그날 이후 저는 용기 내 공개적으로 글을 썼습니다. 계속 글을 쓰자 댓글이 달리고 독자가 생기고 기회가 찾아왔어요. 첫 책을 낸 건 그로부터 7년이나 지나서였지만, 한때 내게로만 침잠했던 글은 어느새 사람과 세상을 향해갔습니다. 누구보다 글쓰기에 진지했기에 그만큼 두려웠단 걸 뒤늦게 알았어요. 저에겐 이유가 필요한 게 아니었어요. 용기와 지지가 필요했습니다.

"저는 글을 쓰고 싶어요."

작가가 된 제게 사람들은 말합니다. 스스로에 대한 의구심과 이미 늦었다는 좌절감을 품고서, 그래도 글쓰기를 희망하는 사람들. 저는 어떤 대답을 해줄 수 있을까요.

글쓰기의 첫 단어가 '용기'라면 마지막 단어는 '계속'이라고 생각합니다. 용기와 계속을 연결하는 제가 아는 유일한 단어는 '다시'. 몇 번이고 다시, 글을 쓰면 됩니다. 자기 자신이 될 때까지, 다른 삶을 이해할 때까지.

글쓰기에 대단한 이유는 필요치 않아요. 그저 좋아하는 마음만으로도 충분합니다. 살아가며 꼭 해보고 싶은 일이자 희망, 열망이자 꿈이 글쓰기라면, 오래오래 글 쓰는 사람으로 살아가고 싶다면. 저는 당신 장래의 희망을 힘껏 긍정합니다.

"멋지네요. 이제 글을 쓰면 됩니다."

¶ 추신

마침표 뒤에
덧붙이고 싶은
이야기

우리에게 문장을 수집하고 기록한다는 것의 의미는 무엇일까요?

오래 글 쓰며 살다 보니 저는 또렷한 기억보다 희미한 연필 자국이 낫다고 생각하는 사람이 되었습니다. 영감, 문장, 메모, 일기, 책을 꾸준히 기록하는 사람이 되었지요.

내 마음에 머물러 있는 문장이야말로 지금의 나를 설명해줍니다. 어떤 문장에서 미처 설명할 수 없었던 내 마음을 마주합니다. 공감과 위로를 받을 수도, 또 다른 가능성을 꿈꿔볼 수도 있겠지요. 인생은 매일의 사소한 선택으로 흘러갑니다. 나에게 어떤 선택이 옳을지, 고민하는 순간마다 타인의 문장과 자신의 기록은 좋은 나침반이 되어줍니다. 그러니 잊기 전에 모아두고 꾹꾹 눌러쓰는 것이지요.

언젠가 저는 '다른 바람은 없었다. 나는 내 몫의 삶을 살아보고 싶었다'라는 문장을 책에 쓴 적이 있어요. 얼마 전에는 '인생에서 가장 중요한 것은 행복이 아니라 살아있는 것이다. 고통은 인생의 최악이 아니다. 최악은 무관심이다'라는 에리히 프롬의 문장을 옮겨 적었습니다.

이 문장들 앞에 멈춰 서고야 알게 되었어요. 간절하리만큼 세상과 사람과 나 자신에게 관심을 두고 살아왔던 이유를. 저는 행복하고 싶은 것이 아니라, 그럼에도 불구하고 살아있고 싶어서 내내 걸어왔던 거라는 걸. 내 몫의 삶을 살고 싶었다는 것을. 저는 행복이 지나치게 반갑지도, 고통이 너무나도 두렵지도 않습니다. 살아있다는 것만으로 살아갈 수 있는 사람이라는 걸 알고 있거든요.

살아있기에 우리는, 아름다운 문장을 읽고 아름다운 이야기를 씁니다. 사람과 삶을 이해하고 사랑합니다. 저는 계속 이렇게 살고 싶어요. 날마다 새롭게 태어나는 사람처럼 생의 아름다움을 발견하면서. 여러분도 살아가다가 이런 멈춤을 반드시 만나보았으면 좋겠습니다. 읽고 쓰면서 죽기 전에 나답게 온전히 태어나보기를요.

2025년 5월
고수리

쓰는 사람의 문장 필사
두려움을 용기로 바꾸는 고수리의 글쓰기 수업
ⓒ 2025

초판1쇄 인쇄일 2025년 5월 8일
초판1쇄 발행일 2025년 5월 28일

지은이 고수리
발행인 이지은
마케팅 전준구
디자인 송윤형
제작 제이오

발행처 유유히
출판등록 제 2022-000201호 (2022년 12월 2일)
ISBN 979-11-93739-14-3 03800

◆ 이 책의 전부 또는 일부를 이용하려면 반드시 저자와 유유히 양측의 동의를 받아야 합니다.
◆ 책값은 뒤표지에 표시되어 있습니다.
◆ 인쇄·제작 및 유통상의 파본 도서는 구입하신 서점에서 바꿔드립니다.